Maggie Paulus

# Himmlische Augenblicke

Über die Autorin

*Maggie Paulus* ist immer auf der Suche nach der Schönheit im Alltag und hält jeden Tag, den Gott ihr schenkt, nach ihm Ausschau. Sie lebt mit ihrem bärtigen Mann, drei temperamentvollen Kindern und einer Katze in Michigan (USA). Wenn sie nicht gerade das Leben in Worten und Fotos festhält, gräbt sie gerne den Garten um – außerdem liebt sie Schokolade und Garagenflohmärkte mit ihrer Familie.

Maggie Paulus

# *Himmlische* AUGENBLICKE

Die kleinen, wunderbaren Momente des Lebens feiern

Aus dem Englischen von Antje Balters

GerthMedien

**Für Brent.**

*Danke, dass du mir Bestätigung schenkst und für mich betest –
morgens, wenn wir aufwachen oder in deiner Mittagspause
und sogar mitten in der dunklen Nacht. Danke, dass du Worte
in mein Leben hineinsprichst, die helfen und heilsam sind.
Danke, dass du dich für mich entschieden hast und das immer
wieder aufs Neue tust. Und danke, dass du herumalberst
und mich zum Lachen bringst wie sonst niemand auf
der ganzen Welt. Ich stehe total auf all deine starken,
unkoordinierten Moves!
Ich liebe dich.*

**Und für meine süßen Lieblinge Gideon, Hope und Samuel.**

*Ihr lehrt mich so viel über das Reich Gottes durch eure neugierigen Fragen am Frühstückstisch oder wenn ich euch abends
ins Bett bringe. Ich liebe es, die Welt mit euren Augen zu
sehen, die noch so wunderbar staunen können. Ihr ermutigt
mich so sehr durch euren hoffnungsvollen Glauben an Dinge,
die ihr nicht sehen könnt. Ihr entstammt dem Herzen Gottes –
möge er immer euer wahres Zuhause sein.*

*Ich bin so froh, eure Mama zu sein.*

# Inhalt

Vorweg ein paar Worte von Maggie . . . . . . . . . . . . . . . .     9

Vorwort . . . . . . . . . . . . . . . . . . . . . . . . . . . . . . . . . . . . . .   13

Stille am Morgen bei einem Kaffee . . . . . . . . . . . . . . . .   20

Wie Gott ist . . . . . . . . . . . . . . . . . . . . . . . . . . . . . . . . . .   24

Immer noch hungrig . . . . . . . . . . . . . . . . . . . . . . . . . . .   28

Wenn man nicht gerade ein Superheld ist . . . . . . . . . . . .   32

Wie Gott laut verkündet: Ich hab dich lieb . . . . . . . . . . .   36

Wie es mich verändert hat, Kinder zu haben . . . . . . . . . .   40

Schwer zur Ruhe kommen . . . . . . . . . . . . . . . . . . . . . . .   46

Licht – und warum es mich so berührt . . . . . . . . . . . . . .   50

Wenn man sich fragt, wo Gott ist . . . . . . . . . . . . . . . . . .   54

Dieses Leben – ein Liebeslied . . . . . . . . . . . . . . . . . . . .   58

Wenn man das Gefühl hat, nicht gut genug zu sein . . . .   62

Wie wir lieben . . . . . . . . . . . . . . . . . . . . . . . . . . . . . . . .   66

Auf der Suche nach Hilfe . . . . . . . . . . . . . . . . . . . . . . . .   70

Warum Gott unser chaotisches Herz will . . . . . . . . . . . .   74

Hunger nach Schönheit . . . . . . . . . . . . . . . . . . . . . . . . .   78

Was jedes Mädchen einmal hören muss . . . . . . . . . . . . .   82

Verschwenderische Liebe . . . . . . . . . . . . . . . . . . . . . . . .   86

Wenn man vergisst, dass man zum selben Team gehört . .   90

Wenn es schwerfällt zu vertrauen . . . . . . . . . . . . . . . . . .   94

Wozu die Familie da ist . . . . . . . . . . . . . . . . . . . . . . . . .   98

Weil das Leben manchmal wehtut . . . . . . . . . . . . . . . . . 102

Wie man das Leben richtig genießen kann . . . . . . . . . . 106

Die Jagd nach Schönheit . . . . . . . . . . . . . . . . . . . . . . 110

Was ich vom Winter über das Reich Gottes lerne . . . . . . 114

Wenn man müde ist und Ruhe braucht . . . . . . . . . . . . . 118

Vielleicht ist das alles, was Gott wirklich von uns will . . 122

Mutig . . . . . . . . . . . . . . . . . . . . . . . . . . . . . . . . . . . 128

Ein Gebet zum Gott meines Lebens . . . . . . . . . . . . . . . 132

Wenn das Leben einfach nur ganz normal ist . . . . . . . . 136

Fester Boden . . . . . . . . . . . . . . . . . . . . . . . . . . . . . . . 140

Angst, verlassen zu werden . . . . . . . . . . . . . . . . . . . . 144

Das Wichtigste . . . . . . . . . . . . . . . . . . . . . . . . . . . . . 148

Wenn alles ziemlich kaputt ist . . . . . . . . . . . . . . . . . . 152

Gedanken über das Reich Gottes . . . . . . . . . . . . . . . . . 156

Lernen, furchtlos hier in dieser Welt zu leben . . . . . . . . 162

Das Geräusch unseres Atems . . . . . . . . . . . . . . . . . . . 166

Wenn Väter und Söhne aneinandergeraten . . . . . . . . . . 170

Über Selbsthass und warum man offen für Jesus
sein kann . . . . . . . . . . . . . . . . . . . . . . . . . . . . . . . . . 174

In einer zerbrochenen Welt Gott finden . . . . . . . . . . . . 180

Ein Segensgebet für die Leserinnen . . . . . . . . . . . . . . . 186

Danksagung . . . . . . . . . . . . . . . . . . . . . . . . . . . . . . . 189

# Vorweg ein paar Worte von Maggie

Meine Liebe,

ich weiß nicht, wie Ihr Tag heute aussieht. Vielleicht sitzen Sie gerade am Fenster irgendwo in einem der mittleren Stockwerke eines Hochhauses, das weit über die Lichter der Großstadt emporragt. Sie haben sich vielleicht gerade einen Kaffee gekocht und eine Kerze angezündet, sitzen jetzt an ein Kissen gelehnt da und schauen zu, wie der Regen unablässig und leise in kleinen Rinnsalen die Scheibe hinunterläuft.

Vielleicht sitzen Sie auch gerade unter völlig fremden Menschen in einem Café. Sie haben ein Buch dabei und lassen sich jetzt auf einem Platz nieder, weil sie ein wenig Zuspruch und Aufmunterung brauchen.

Vielleicht sind Sie ja auch eine Mama wie ich und haben endlich Ruhe, weil die Kinder im Bett sind, doch eigentlich müsste der Geschirrspüler noch eingeräumt werden, und außerdem warten noch Berge von Wäsche auf Sie – aber Sie machen trotzdem einfach Schluss für heute. Sie machen es sich also auf dem Sofa gemütlich und sind zum Lesen eigentlich viel zu müde, doch versuchen möchten Sie es trotzdem.

Egal, wo Sie gerade sind und was Sie tun, eines weiß ich über Sie … weiß es über uns alle, die wir uns hier auf dem leicht geneigten blauen Planeten befinden, der sich drehend durchs All bewegt. Ich weiß, dass es egal ist, ob Sie eine Atheistin sind oder ein tiefgläubiger Mensch, ob Sie es auf der Karriereleiter bis ganz nach oben geschafft haben oder im Supermarkt die Toiletten putzen. Folgendes haben wir auf jeden Fall gemeinsam: Wir sind schmerzlich zerbrochen – und zwar alle – und diese Zerbrochenheit ist es, die uns vereint.

Und wo wir hier jetzt gerade so schön beieinanderhocken, möchte ich Ihnen gern ein paar Geschichten erzählen, Ihnen ein paar Einblicke in meinen ganz normalen Alltag, aber auch in mein Inneres gewähren. Ich sage Ihnen aber lieber gleich, dass das, was Sie da zu sehen bekommen werden, vielleicht ein bisschen chaotisch ist. Das liegt daran, dass es sich um Einblicke in ein Leben handelt, in dem hin und wieder schon ein ziemliches Durcheinander herrscht. Doch im Grunde sind es ja diese leicht wirren Geschichten aus unserem komplizierten Leben, die wir einander zu geben haben. Und Sie und ich brauchen diese Geschichten und verqueren Gedanken der anderen, weil es so wichtig ist zu wissen, dass es anderen nicht anders geht als uns und wir mit unseren Mühen und dem Druck nicht allein sind. Wir sind nicht dazu gemacht, allein zu sein, und unsere Geschichten sind die Hände, die wir ausstrecken, um uns aneinander festzuhalten, wenn der Boden unter uns schwankt und die Welt um uns herum bebt.

Wenn Sie jetzt die Notizen aus meinem Alltag lesen, dann hoffe ich, dass Sie in diesen Kleinigkeiten aus meinem Leben –

dem einzigen Leben, das ich habe – auch etwas für sich entdecken. Es gibt nämlich ein paar Dinge, von denen ich mir sehr wünsche, dass Sie sie erfahren.

Ich möchte beispielsweise, dass Sie wissen, dass es einen Gott gibt – den großen Urheber von allem –, der schon immer war, und der seine Geschichte mit Ihrem Alltag verwebt. Und wenn Sie durch das, was Ihnen das Leben bereits beschert hat, vielleicht ein bisschen zynisch geworden sind oder abgestumpft bei der Vorstellung, dass es tatsächlich einen Schöpfer geben könnte, dann hoffe ich, dass Sie durch meine kleinen Geschichten und Gedanken wieder hellwach werden für seine Herrlichkeit und dass ihr Herz schneller schlägt, wenn sie das Wunder seiner Gnade erkennen.

Und ich hoffe, Sie merken dabei, dass dieser Gott sich weder in Schachteln stecken lässt, noch in Kirchen wohnt, noch auf fromme Versammlungen angewiesen ist. Er wohnt hier mitten unter uns, und zwar in jedem einzelnen Augenblick unseres ganz normalen Alltags.

Ich wünsche mir, dass Ihnen zutiefst bewusst ist, dass Ihr Alltag – so angefüllt mit alltäglichen, ganz normalen und scheinbar banalen Dingen er auch sein mag – keine willkürliche Aneinanderreihung von Ereignissen ist, immer nur weitere 24 Stunden, in denen Sie sich irgendwie ziellos dahinschleppen und einfach nur existieren.

Nein, diese Tage – und zwar jeder einzelne von ihnen – sind randvoll mit Sinn und Zweck. Dieser neue Tag heute spielt *wirklich* eine Rolle, weil der Gott, der den Wind lenkt, das Moos unter dem Ahorn wuchern lässt und den Himmel ausfüllt, in Ihrem einen, vergänglichen Leben immer bei Ihnen ist. Der eine, der sich selbst als das große ICH BIN bezeichnet, ist *wirklich* da.

Und dieser Gott ist es auch, der Ihnen die Sehnsucht nach Schönheit schenkt, dieses Verlangen, selbst im Chaos noch das Schöne und Gute zu finden und Jagd auf Herrlichkeit zu machen. Wenn Sie sich auf die Suche nach Schönheit machen und der Herrlichkeit hinterherjagen, dann werden Sie immer wieder entdecken, dass es Gott wirklich gibt und dass er der Gott ist, *der da ist* und nicht schweigt. Dass er der eine ist, der immer da war, auch als Sie im Dunkeln herumgetapst sind und nach irgendeinem Anzeichen von Gnade in einer gefallenen und zerstörten Welt gesucht haben. Sie werden erkennen, dass er der eine ist, der immer in der Nähe war und sich immer weit genug zu Ihnen heruntergebeugt hat, dass Sie ihn in dem Augenblick, in dem Sie sich nach ihm ausgestreckt haben, erreichen konnten – auch wenn Ihr Glaube nicht einmal so groß wie ein Senfkorn war.

Ja, ich möchte, dass Sie – in Ihrer ganzen Zerbrochenheit, Ihrem chaotischen Alltag und Ihrem einen, vergänglichen Leben – eines wissen: Es gibt einen Schöpfer, der keinem von uns fern ist, und der sich so unglaublich gern von uns finden lassen möchte.

Also schreibe ich meine Geschichten für Sie auf und bezeuge Folgendes: Ich habe Gottes Herrlichkeit gesehen, und jetzt kann ich nicht mehr anders, als in Ehrfurcht vor dem Ewigen zu leben, der meine Tage mit seiner Geschichte verwebt.

Ich hoffe, Sie sehen ihn auch.

# *Vorwort*

Ich weiß nicht genau, unter welchen Bedingungen meine Eltern gelebt haben, als ich zur Welt und damit in ihr Leben kam. Ich weiß nur, dass sie zutiefst zerrüttete Menschen waren. Und obwohl ich noch ganz klein war, als ich sie das letzte Mal gesehen habe, kann ich mich ziemlich gut an sie erinnern. Zum Beispiel an die sanfte, behutsame und lockere Art meiner Mama, wenn sie nüchtern war. In den seltenen Nächten, wenn sie zu Hause war, wollte ich immer bei ihr schlafen. Ich sehnte mich nach ihrer Nähe, und wenn sie sich von mir weg auf die andere Seite drehte, protestierte ich heftig und bettelte sie an, sich wieder zu mir umzudrehen, weil ich mich sicherer fühlte, wenn ich ihr direkt ins Gesicht sehen konnte.

Auch an meinen Vater erinnere ich mich. Daran, wie ich irgendwie seltsam auf seinem Arm hockte, wenn er mich trug – unbeholfen, aber genau so, wie viele Väter ihre Kinder auf dem Arm tragen. Ich rutschte immer wieder nach unten, und er schob mich wieder hoch, aber das machte mir nichts aus, weil ich mich in seiner Nähe so sicher fühlte. Und wenn er an der Tankstelle Halt machte, um sich Nachschub an Bier und Zigaretten zu holen, dann bettelte ich ihn an, mir etwas Süßes mitzubringen, und er kaufte mir tatsächlich immer etwas. Ich glaube, dass er im Grunde einen ganz weichen Kern hatte.

Meine leiblichen Eltern waren nett zu mir, aber sie litten unter alten Verletzungen, waren beide süchtig und deshalb nicht einmal in der Lage, sich um sich selbst zu kümmern, geschweige denn auch noch um ein kleines Mädchen und dessen jüngeren Bruder.

Sie versuchten es zwar wirklich, und meine ersten fünf Lebensjahre hielten sie auch durch, aber dann rutschten sie immer weiter ab, und am Ende kam der völlige Absturz. Sie rafften wirklich alle Kraft zusammen, die sie aufbringen konnten, aber sie schafften es trotzdem nicht. Sie wussten nicht, wie sie es machen sollten und konnten es deshalb gar nicht schaffen. Deshalb kam auch immer wieder die Polizei und irgendwann nahmen die Beamten meinen Bruder und mich dann mit.

Ich erinnere mich noch, wie meine Mama in Handschellen hinten in dem Polizeiauto saß und schrie und weinte, als die Polizei das letzte Mal kam und sie mitnahm, und wie sie mir immer wieder sagte, wie lieb sie mich hätte. Und als ich in ihr tränenüberströmtes Gesicht mit der verlaufenen Wimperntusche schaute, wusste ich ganz tief in meinem Inneren, dass sie mich wirklich lieb hatte – sie konnte es nur nicht zeigen und praktisch werden lassen.

Und auch an das Gesicht meines Vaters, seinen erschöpften und gequälten Blick, kann ich mich noch erinnern, als er bei einer anderen Gelegenheit von der Polizei abgeholt wurde. Ich wurde ebenfalls im Polizeiauto weggebracht, war noch so klein, dass meine Füße nicht den Boden berührten und fragte mich, wieso die Haare meines Papas so verwuschelt waren. Sie nahmen ihm den Schnaps ab und die Drogen und uns Kinder nahmen sie auch mit. Und obwohl ich noch so klein war, wusste ich tief in meinem Inneren, dass er in schlimmen Schwierigkeiten steckte und damit allein nicht fertig werden konnte.

Und ich weinte, weil jedes kleine Mädchen bei seiner Mama sein möchte und seinen Vater braucht, aber sie waren weg, *schon wieder weg*, und ich fühlte mich so unendlich verloren.

Immer wieder wurden wir von Sozialarbeitern in Pflegefamilien untergebracht, aber nicht in allen ging es uns gut. Manchmal lebten dort üble Typen mit uns zusammen, und dann lag ich nachts wach in meinem Bett und wünschte, sie würden weggehen. Das alles geschah, als ich noch ganz klein war.

Aber eines Tages passierte dann etwas Überraschendes, etwas Seltsames. Die Sozialarbeiter vom Jugendamt kamen in unsere Pflegefamilie, packten all unsere Sachen zusammen und nahmen uns mit in ihr Büro im Jugendamt, wo wir mit einer anderen Mama und einem anderen Papa bekannt gemacht werden sollten. Und als wir das Büro betraten, saßen die beiden freundlich lächelnd an dem großen Tisch dort und versuchten uns zu erklären, dass sie uns zu sich nehmen wollten, und zwar für immer. Wir sollten bei ihnen leben, sie würden unsere Familie sein, und wir bräuchten nie wieder weg. Die Sozialarbeiter fragten uns, ob wir uns das vorstellen könnten. Mir gefiel die Vorstellung zwar, aber im Grunde

15

konnte ich noch nicht begreifen, was es eigentlich bedeutete, für immer dort zu bleiben. Durch die Erfahrungen, die ich bisher mit Erwachsenen gemacht hatte, vertraute ich ihnen lieber nicht, und deshalb glaubte ich auch jetzt ganz tief in meinem Inneren nicht, was sie sagten – jedenfalls *noch* nicht.

Doch dann bekamen wir tatsächlich dieses neue Zuhause, und ich hatte jetzt außer meinem kleinen Bruder auch noch einen großen Bruder und eine große Schwester, die uns von Anfang an lieb hatten und uns nie das Gefühl gaben, eigentlich nicht richtig dazuzugehören. Und meine neue Mama und mein neuer Papa erzählten mir, wie sie für uns gebetet hatten. Kinder wie wir waren ihnen von Gott ans Herz gelegt worden, aber sie hatten nicht gewusst, wie sie es anstellen sollten und was sie tun mussten, um solche Kinder zu bekommen. Sie hatten sich also informiert und dann alle Formalitäten, Auflagen und Bedingungen erfüllt, um Kinder aus zerrütteten Familien adoptieren zu dürfen. Danach wurde ihnen dann von den Sozialarbeitern im Jugendamt Fotoalben vorgelegt, sehr viele Fotoalben, aus denen sie sich die Kinder aussuchen sollten, die sie haben wollten. Erwartungsvoll blätterten sie die Alben durch und schauten sich voller Mitgefühl all diese von Gott gewollten und geschaffenen Kinder an. Doch sie wollten ein ganz deutliches Zeichen, wen sie aufnehmen sollten, und so baten sie Gott, ihnen ganz genau zu zeigen, wer ihre neuen Kinder sein sollten.

Als meine neue Mama dann eines Tages wieder ins Jugendamt kam und dort Fotos von uns auf einem Schreibtisch liegen sah, wusste sie sofort, dass wir *ihre* Kinder waren, und das sagte sie der Sozialarbeiterin auch. Gott hatte ihr also tatsächlich geholfen, die Kinder zu erkennen, die sie aufnehmen sollte, ihre Kinder. Aber die Frau im Jugendamt sah sie nur verblüfft an und sagte, das sei doch völliger Unsinn, so etwas könne gar nicht sein. Doch meine neue Mama kannte den Gott, für den nichts unmöglich ist, und deshalb ließ sie sich nicht beirren. Mein neuer Papa und sie trommelten sofort ein paar Freunde zusammen, mit denen sie beteten, dass alles gut würde, und schon bald darauf kamen wir tatsächlich zu ihnen, und zwar für immer. Und nachdem wir einige Zeit dort gelebt hatten, ohne dass uns jemand wieder wegholte, konnte ich es schließlich auch glauben.

Aus Tagen wurden Monate, aus Monaten sind inzwischen viele Jahre geworden, und ich glaube immer noch, dass Gott ein Gott ist, für den nichts unmöglich ist. Ich weiß jetzt, dass er der eine ist, der rettet und erlöst, der dazu aber unsere Hände und Füße gebraucht. Er flüstert uns seinen Rettungsplan zu und hofft, dass wir dann auch wirklich tun, was er sagt.

Und derselbe Gott hat auch die Wunden geheilt, die durch eine Mama und einen Papa verursacht wurden, die nicht in der Lage waren, gute Eltern zu sein. Das hat er getan, indem er mich einer anderen Mama und einem anderen Papa anvertraut hat. Die waren zwar auch allein nicht in der Lage, uns Eltern zu sein, aber sie verließen sich ganz auf den einen, der das kann. Es heißt zwar immer, dass die Zeit alle Wunden heilt, aber ich glaube, dass es letztlich nicht die Zeit ist, die heilt, sondern die Liebe.

Jeden Tag bin ich aufs Neue dankbar dafür, dass ich gerettet worden bin, erlöst von dem Gott, der aus völlig kaputtem Chaos etwas Schönes machen kann. Und ich bin dankbar für eine Familie, die zu seinen Händen und Füßen geworden ist und mit dieser heilenden Liebe auf mich und meinen Bruder zugekommen ist, als wir noch ganz klein waren.

*Die sollen dem Herrn danken für seine Güte und für seine Wunder, die er an den Menschenkindern tut, und sollen Dank opfern und seine Werke erzählen mit Freuden.*

PSALM 107,21-22 (LÜ 84)

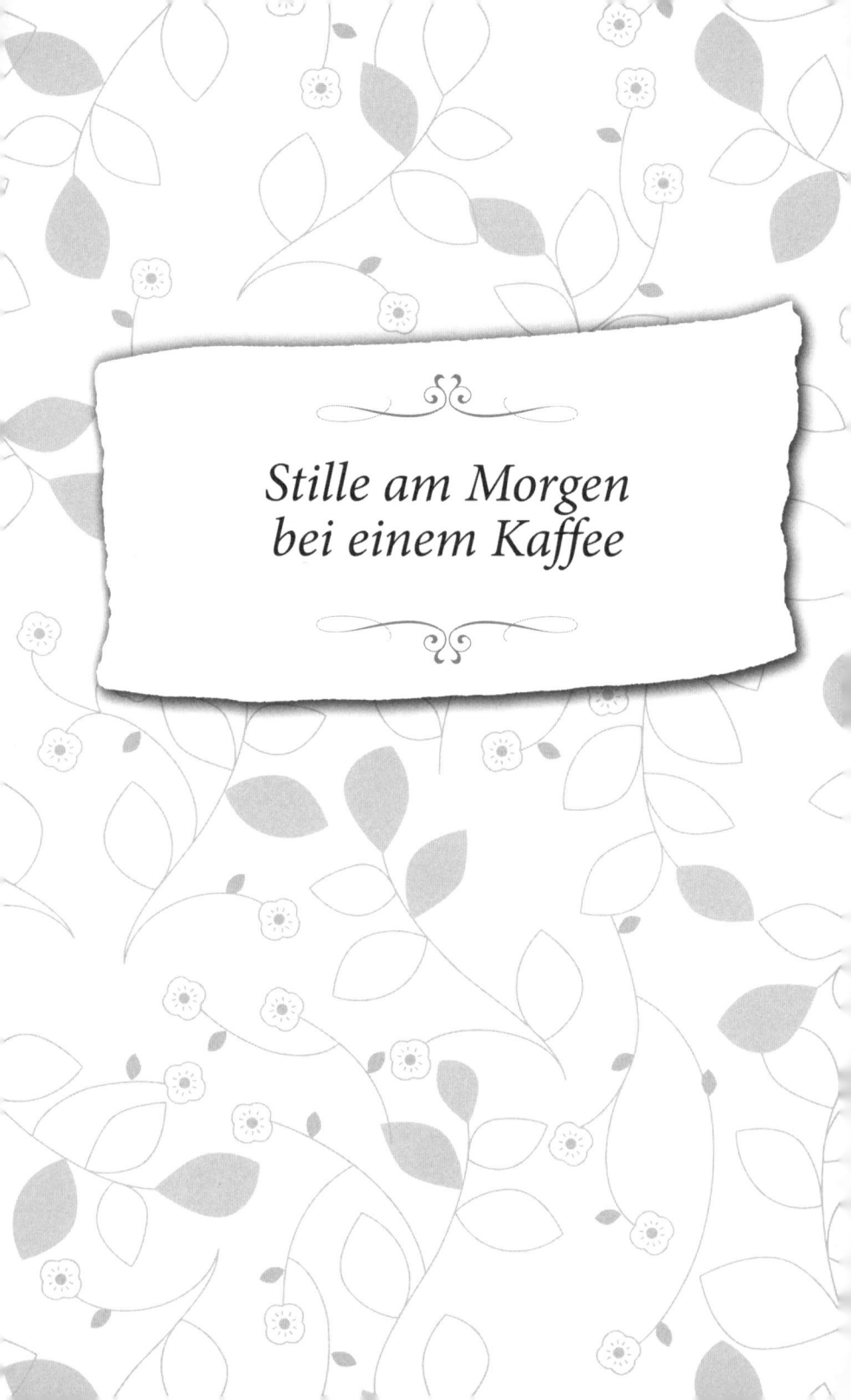

# Stille am Morgen
# bei einem Kaffee

*I*ch stehe früh auf und genieße die Stille am Morgen mit einem Kaffee, weil ich mich nach Gott sehne. Irgendetwas in mir möchte bei meinem Schöpfer sein. Ganz nah möchte ich ihm sein und seine Stimme hören. Ich schlage also sein Wort bei Matthäus 5 auf, wo Jesus die Menschenmenge etwas über das Leben lehrt, und ich höre ihm zu:

Er spricht.

**Als Jesus die Menschenmenge sah, stieg er auf einen Berg. Er setzte sich und seine Jünger traten zu ihm.**
MATTHÄUS 5,1

Nur ein Vers, mehr brauche ich gar nicht. Hier spricht Jesus zu mir. Seine Worte sind Nahrung für meine Seele, und ich denke darüber nach, was er mir damit sagen will.

*Er sah die Menschenmenge…* Als Jesus die vielen Menschen anschaute, da sah er nicht nur ein Meer aus Gesichtern, sondern er nahm jede einzelne Person mit all ihrem seelischen

*Er schaute jedem von ihnen tief ins Herz.*

Leid wahr. Er wusste von jedem dieser Menschen, woher er kam, und was er schon alles durchgemacht hatte, und jedem von ihnen schaute er tief ins Herz. Voreinander konnten sich die Menschen verstecken, wenn sie wollten, doch ihm blieb nichts, nicht das kleinste bisschen ihres Inneren verborgen. Nicht ihm, dem Gott, der durch unsere äußere Fassade hindurchsehen kann, was uns zu dem Menschen gemacht hat, der wir sind.

Und dann denke ich an die Menschenmenge in meinem Inneren. Ist es nicht so, dass jeder von uns viele Menschen mit sich „herumträgt"? Ich schaue in mein Inneres und sehe dort unzählige Menschen, die ich lieb habe und für die ich bete, und ich trage sie bei mir und frage mich, ob Gott sie sieht. Ja, das tut er. Er sieht sie, kennt das Herz jedes Einzelnen ganz genau und möchte in ihr Leben hineinsprechen.

Und dann denke ich weiter über sein Wort nach. *Er stieg auf einen Berg…* steht da. Und dann: *Er setzte sich.* Dieser Gott, der die Berge gemacht hat, steigt also als bescheidener Mensch genau wie wir über Stock und Stein den Berg hinauf – nur damit er in all die Gesichter schauen kann. Er setzt sich. Gott setzt sich. Er ist nicht zu beschäftigt, hat nicht zu viel zu tun und zu bedenken, um sich zu setzen, ist nicht in Eile und gehetzt. Das hier ist ihm jetzt wichtig. Er will sich hinsetzen und Worte zu uns sagen, die helfen und heilen, und zwar jedem, der sich ebenfalls die Zeit nimmt, sich hinzusetzen und zuzuhören. Ihr ganzes Leben lang hat Gott diesen Menschen gefehlt. Etwas ganz tief in ihrem Inne-

> *Gott ist nicht zu beschäftigt.*

ren hat sich schon immer danach gesehnt, bei ihm zu sein, und jetzt ist er tatsächlich da.

Also sitzen sie eine Weile da und verbringen Zeit mit dem einen, der durch ihre Fassade hindurch dieses Verlangen und Sehnen erkennen kann. Sie sind hungrig und seine Worte sättigen sie. Sie sind innerlich zutiefst zerrüttet und seine Worte machen sie wieder heil.

*Seine Jünger traten zu ihm.* Bin ich nicht auch seine Jüngerin? Also komme ich in der Stille des Morgens bei einem Kaffee zu ihm und sitze zu seinen Füßen. Weil ich mich nach Gott sehne und bei ihm sein möchte. Er ist mein Schöpfer und er ist auch mein Freund.

Und dieser Jesus schaut immer noch auf die Welt und sieht die Menschenmenge. Und zu jedem Gesicht kennt er das Innerste. Er sitzt immer noch da und spricht immer noch Worte, die jeden nähren und heilen und jedem Leben bringen, der lange genug innehält, um zuzuhören.

*Seid stille und erkennet, dass ich Gott bin! Ich will der Höchste sein unter den Heiden, der Höchste auf Erden. Der Herr Zebaoth ist mit uns, der Gott Jakobs ist unser Schutz.*
Psalm 46,11-12 (LÜ 84)

# Wie Gott ist

*M*anchmal schnappt mein Mann Brent sich unsere kleine Tochter Hope und nimmt sie auf den Arm. Behutsam legt er dann ihr kleines Köpfchen an seine Brust und drückt sie fest an sich ... einfach so. Einfach, weil er ihr Papa ist und sie seine kleine Tochter.

Genauso ist auch Gott.

Manchmal nimmt Hope ihre Puppe und macht einen Spaziergang mit ihr, oder sie legt sie zum Schlafen ins Puppenbett, deckt sie zu und steckt die Decke liebevoll an den Seiten fest. Einfach so. Sie füttert sie und wiegt sie und gibt ihr Küsschen. Einfach, weil sie ihre Puppe so lieb hat.

Genauso ist auch Gott.

Mein Sohn Gideon hat ein Gespür dafür, wenn jemand traurig ist. Er weiß, wie es sich anfühlt, schwere Zeiten durchzumachen, und in seiner Anteilnahme möchte er, dass es dem Betreffenden besser geht. Deshalb sagt er dann Sätze wie: „Nicht traurig sein. Ich helf dir!" Und das meint er wirklich von ganzem Herzen.

Genauso ist auch Gott.

Wenn mein kleiner Sohn Samuel seinen Bruder oder seine Schwester irgendwo in der Nähe sieht, dann quietscht er vor

Vergnügen, so sehr freut er sich darüber, dass sie da sind. Und wenn das Gesicht eines seiner Geschwister nur in seine Nähe kommt, dann streckt er seine Händchen danach aus, hält sie an den Wangen fest und zieht sie an sich heran.

Genauso ist auch Gott.

Manchmal wache ich nachts auf, schaue zu Brent hinüber und freue mich, dass er neben mir liegt, ganz nah. Ich liege dann einfach ruhig da und schaue zu, wie sich bei jedem Atemzug sein Brustkorb hebt und senkt. Und dann lächle ich und bin dankbar.

> *Genauso ist auch Gott.*

Und nicht selten stehe ich dann auf und werfe schnell noch einen Blick auf meine Kleinen, die in ihren Betten liegen und schlafen, staune darüber, wie schön diese Kindergesichter sind, so ruhig und friedlich, und dann bin ich so entzückt und habe sie so unglaublich lieb, weil es meine Kinder sind. Ich weiß ohne den Hauch eines Zweifels, dass ich für meine Kinder mein Leben geben würde.

Genauso ist auch Gott.

*Wer aber nicht liebt, der weiß nichts von Gott; denn Gott ist Liebe.*

1. JOHANNES 4,8

*Das haben wir erkannt und wir vertrauen fest auf Gottes Liebe. Gott ist Liebe, und wer in dieser Liebe bleibt, der bleibt in Gott und Gott in ihm.*

1. JOHANNES 4,16

26

# Immer noch hungrig

*H*eute ist Bewegung am Himmel. Fantasievolle Wolkengebilde ziehen durch die endlose Weite über mir. Irgendetwas an ihnen erinnert mich an die Unterseite einer Muschel, die mit den Rillen und Linien alles darunter glättet.

Und wenn ich in den Himmel schaue, denke ich an Großes, an Bedeutsames, beispielsweise an die Ewigkeit und das ewige Leben. Ich stelle mir vor, wie eine dieser Wolken sich beiseiteschiebt und ich hinübersehen kann in die Ewigkeit zu Gott, nach dem ich mich so sehne.

An diesem stürmischen Julimorgen kann ich Folgendes mit Sicherheit sagen: Ich bin mit einem verblüffenden Hunger auf diese Welt gekommen, mit einem tiefen, heftigen Verlangen nach etwas. Nach jemandem, der mich mit Ehrfurcht erfüllt und mit seiner herzzerreißenden Schönheit überwältigt. Der Zweck dieses Verlangens besteht darin, mich zu der Quelle hinzutreiben, an der ich tiefe innere Zufriedenheit bekommen kann und höchste Freude. Zu *ihm*. Damit ich ihn erfahre, ihn berühre, ihn „schmecke", bis zum Überfließen erfüllt werde von ihm und mit ihm und von all seinen ergreifenden Wundern.

Und wenn ich wirklich dazu gemacht bin, ganz von Gott erfüllt zu sein, dann ist doch klar, dass alles andere, womit ich mich zu füllen versuche, nur Ersatz sein kann und deshalb ein Gefühl innerer Leere hinterlässt. Nicht alles Materielle der Welt kann mir dann Erfüllung bringen, weder schöne Kleider noch Geld, noch jede Art von Luxus oder Dingen, weder Unterhaltung noch alle möglichen Formen von Ablenkung.

Weil das alles nur Ersatz ist für das Eigentliche, werde ich nur immer mehr brauchen. Wenn ich diese eine Sache noch habe, dann bin ich zufrieden, denke ich, dann werde ich ganz bestimmt glücklich sein. Aber am Ende bin ich immer enttäuscht, weil das alles so vergänglich ist. So wie diese eine Wolke da gerade über mir, die immer breiter und dünner wird, als würde sie zerfließen. Ich kann kaum noch ihre Umrisse erkennen. Genau wie dieses irdische Leben – dieses eine Leben, das uns geschenkt wird und von dem wir glauben, dass es alles ist. Wie schnell es vergeht und dann vorbei ist.

*Damit ich ihn erfahre, ihn berühre, ihn schmecke, bis zum Überfließen erfüllt werde von ihm und mit ihm und von all seinen ergreifenden Wundern.*

Und deshalb gehe ich auf ihn zu, auf den einen, den ich eines Tages von Angesicht zu Angesicht sehen werde. Mein Herz macht einen Satz, wenn ich daran denke, dass das wirklich wahr ist. Und wenn ich über den Horizont hinausblicke, kann ich gerade noch einen Blick darauf erhaschen. Das Licht seines Reiches scheint durch und sickert in mein Hier und Jetzt hinein. Ich bete an. Und ich bin gesättigt.

*Er hat alles schön gemacht zu seiner Zeit, auch hat er die Ewigkeit in ihr Herz gelegt.*

PREDIGER 3,11 (LÜ 84)

*Darum knie ich nieder vor Gott, dem Vater, und bete ihn an, ihn, dem alle Geschöpfe im Himmel und auf der Erde ihr Leben verdanken und den sie als Vater zum Vorbild haben. Ich bitte Gott, dass er euch aus seinem unerschöpflichen Reichtum Kraft schenkt, damit ihr durch seinen Geist innerlich stark werdet und Christus durch den Glauben in euch lebt. In seiner Liebe sollt ihr fest verwurzelt sein; auf sie sollt ihr bauen. Denn nur so könnt ihr mit allen anderen Christen das ganze Ausmaß seiner Liebe erfahren, die wir doch mit unserem Verstand niemals fassen können. Dann wird diese göttliche Liebe euch immer mehr erfüllen.*

EPHESER 3,14-19

# Wenn man nicht gerade ein Superheld ist

*G*ideon wird viel zu früh wach und ich stöhne. Ich bin innerlich noch nicht bereit für Lärm und hatte so inständig um noch etwas Ruhe gebetet. Ruhe zum Nachdenken und Ruhe zum Beten. Ruhe zum Lesen und Meditieren. Ruhe, um Gott aufzusaugen wie ein Schwamm, all die leeren und sehnsüchtigen Stellen in mir von ihm ausfüllen zu lassen. Aber daraus wird an diesem Morgen wohl nichts. Mein kleiner Zappelphilipp ist wach und putzmunter. Also verdrehe ich noch einmal kurz die Augen und wappne mich für einen weiteren Tag mit diesem Wirbelwind von einem Kind.

Er kann nicht anders. Er ist nun mal ein neugieriger kleiner Kerl mit unzähligen Fragen. Er muss eben unbedingt wissen, wie sich ein Maisstängel entwickelt und wo die Milch eigentlich hinkommt, wenn der Tanklaster wieder vom Hof fährt, und wohin wir gehen, wenn wir gefrühstückt haben, und was wir danach machen. Und ich antworte mit schrecklich vielen „weiß ich nicht" nacheinander. Wir rühren rosa Haferbrei an, weil er den Brei gern rot färben möchte, am Ende aber dann doch rosa herauskommt. Ich schaue auf die Uhr. Es ist noch nicht einmal acht und ich bin schon erschöpft. Das hier könnte einer dieser aufreibenden Tage werden.

Dann will er ein Stockwerk nach oben gehen und Hope den Rücken streicheln. Das ist im Grunde der Code für „Ich möchte Hope wecken, damit sie mit mir spielt", bedeutet aber letztlich: „Ich möchte eigentlich gar nicht mit Hope spielen, sondern ich möchte nur, dass sie bei mir ist und mich bei all meinen Unternehmungen anfeuert." Ich sage ihm, dass ich nicht mit ihm nach oben zu Hope gehe, und er fängt an zu weinen. Auch mir ist zum Heulen zumute.

Im Haus herrscht wieder ein einziges Durcheinander und dann habe ich diese urkomische Fantasie im Kopf. Ich stelle mir vor, wie ich im hautengen Superman-Anzug im Wohnzimmer stehe, allerdings mit dem Unterschied, dass ich keine Superkräfte oder übermenschlichen Fähigkeiten habe, sondern nur die optimistische Überzeugung, dass ich das Chaos an diesem Ort mit Staubsauger, Sprühflasche und meinem flatternden Cape besiegen kann. Das hilft mir, und ich muss grinsen, denn innerlich bin ich eine Superheldin, die alles wieder in Ordnung bringt.

Brent umarmt mich, bevor er sich auf den Weg zur Arbeit macht und betet noch für uns und für diesen Tag. Und ich bitte Gott nicht um Superkräfte, sondern um ein neues Herz… ein *dankbares*. Die Wolken

*Dieser Tag ist wieder ein Geschenk.*

verziehen sich, und meine Unzulänglichkeiten sind immer noch da, aber dann denke ich, dass es Jesus ja gerade darum geht, alle meine Mängel und Sünden mit seiner Gerechtigkeit zuzudecken. Dieser Tag ist wieder ein Geschenk, und wenn Gott mich sieht, dann schaut er mich mit den Augen seines vollkommenen Sohnes an, sodass ich ganz und gar rein bin, und es ist, als wäre ich wieder ganz neu. Ich brauche viel stille Zeit, um mich daran immer wieder zu erinnern.

Ich höre, wie Gideon singt: „Er hält die ganze Welt in seiner Hand…", und ich singe mit. Er hält auch mich in seiner Hand, hat mich immer gehalten. Und er hält die ganze Welt mitsamt dem ganzen Chaos darauf. Und auch heute tut er wieder etwas Gutes. Also mache ich einen Schritt nach dem anderen, atme Gnade ein und Dank aus, und dabei wird aus all dem Lärm eine fröhliche Melodie, und all der Trubel wird ein Tanz. Dankbarkeit. Und das ist wirklich eine gute Medizin.

*Bei allem, was ihr tut, hütet euch vor Nörgeleien und Zweifel. Dann wird euer Leben hell und makellos sein und ihr werdet als Gottes vorbildliche Kinder mitten in dieser verdorbenen und dunklen Welt leuchten wie Sterne in der Nacht.*

PHILIPPER 2,14-15

# Wie Gott laut verkündet: Ich hab dich lieb

*H*eute habe ich es wieder gehört. Ich habe gehört, wie Gott zu mir sagt: *Ich hab dich lieb*!

Ich habe es heute Morgen gehört, als eine Gruppe von Freundinnen mit Muffins und Orangensaft und Geschenken für unseren neugeborenen Sohn Samuel zu Besuch kam.

Um die Mittagszeit habe ich es dann wieder gehört: Die Kinder spielten kichernd auf dem Wohnzimmerfußboden, bauten Türme aus Bauklötzen und Höhlen aus Decken und Sofakissen, und dann marschierten sie unter den schrägen Klängen einer alten Blockflöte und einer Kindertrommel immer ums Sofa herum. Und am Abend habe ich dann noch einmal laut und deutlich gehört, wie er mir *ich hab dich lieb* zugerufen hat, und zwar in Form der Wellen, die ich beobachtete, als wir ans Meer fuhren und am Strand entlanggingen. Ich habe es in der Brandung gehört und daran erkannt, wie mir der Schaum der Brandung um die Füße wirbelte.

> *„Ich hab dich lieb!"*

Und das geschah nicht irgendwie beiläufig, sondern wie gesagt, er *rief* es laut heraus. Sprach unmissverständlich in Form des Himmels, nur für den Fall, dass ich ihn vielleicht nicht gehört haben sollte.

Und jetzt hallt es durch mein ganzes Sein wider. Es ist nur schwer zu glauben, dass es wirklich wahr ist. Dass Gott mich liebt, dass er mich kennt, mich *wirklich* kennt und mich trotzdem liebt.

Aber es stimmt wirklich, also ruft er es laut heraus. Allen seinen Kindern ruft er es jeden Tag laut zu, dieses *Ich hab dich lieb*.

*Seht doch, wie groß die Liebe ist, die der Vater uns schenkt! Denn wir dürfen uns nicht nur seine Kinder nennen, sondern wir sind es wirklich.*

1. JOHANNES 3,1

*Denn Gott hat die Menschen so sehr geliebt, dass er seinen einzigen Sohn für sie hergab. Jeder, der an ihn glaubt, wird nicht zugrunde gehen, sondern das ewige Leben haben.*

JOHANNES 3,16

# Wie es mich verändert hat, Kinder zu haben

*I*ch habe nicht gewusst, wie sehr es mich verändern würde, Kinder zu haben.

Als ich meinen Bürojob aufgab und mich fragte, ob mir wohl der Kontakt mit den Erwachsenen dort fehlen würde, da hatte ich noch keine Ahnung, wie gut ich damit zurechtkommen würde. Es stellte sich nämlich heraus, dass es mir gut dabei ging, meinem kleinen Sohn die Buchstaben beizubringen und wie man Freundschaften schließt, und meiner kleinen Tochter zu zeigen, wie man mit Wasserfarben malt und eine Sandburg baut und ihrer Babypuppe behutsam den Schmutz von den Bäckchen wischt.

Ich bekomme zwar längst nicht mehr so viele E-Mails wie vorher, und auch nicht mehr so viele Anfragen von Leuten, irgendwelche „wichtigen" Aufgaben zu übernehmen, aber irgendwie fand ich am Ende die gleiche Freude daran, Nudelreste von Bob-der-Baumeister-Plastiktellern zu entfernen und kleinen Menschen zum x-ten Mal am Tag eine frische Hose anzuziehen.

Ich liebe es wirklich sehr, Mutter zu sein.

Besonders gefällt mir daran beispielsweise, mit meinem kleinen Sohn zu kuscheln, der in meinem Bauch herangewachsen

ist und die erste echte Herausforderung für mein Bindege-
webe darstellte (ich sage nur: Dehnungsstreifen) und der mich
jetzt auch gedanklich herausfordert mit Fragen wie: „Hat Gott
eigentlich auch Hunger?" oder „Muss Gott eigentlich auch
schlafen?"

Und ich liebe am Muttersein, meine kleine Tochter auf der
Schaukel anzuschubsen, obwohl ich eigentlich lieber ein Buch
lesen oder Unkraut jäten würde. Und während sie lernt, sich
mit ihren Beinchen selbst Schwung zu geben,
erhasche ich einen Blick auf das Strahlen in ihren Augen, sehe, wie ihr seidiges, hellblondes
Haar beim Schaukeln mitschwingt, und erinnere mich wieder genau daran, wie es war, jung
und wild und glücklich und frei zu sein.

Und ganz besonders kostbar am Muttersein
ist für mich dieses breite, zahnlose, lebendige
Grinsen meines Babys, wenn ich mich über
sein Bettchen beuge und es heraushebe.

> Ich habe nicht gewusst, wie viel von mei-
> nem Leben ich verschenken würde.

Ich habe weder gewusst, wie viel von meinem Leben ich
verschenken würde noch dass meine befriedigendste Arbeit
weitgehend völlig unbeachtet vonstattengehen würde: alles,
was ich habe, um zur Entwicklung meiner Kinder beizutra-
gen, in sie hineinzuinvestieren.

Und dass Gott meine Stärke sein würde, während ich lerne,
tausend Mal am Tag auf hunderterlei Weise Liebe zu gestalten, das habe ich ebenfalls nicht gewusst.

Ich habe nicht gewusst, dass das Muttersein bei mir bewirken würde, dass ich mich auch viel mehr für andere Kinder

interessiere und mich um sie kümmere. Dass ich anfangen würde, alle Kinder mit den Augen einer Mama zu sehen – mit dieser Anteilnahme an ihrem Leben und dem inneren Anliegen, auch sie zu schützen und ihnen zu helfen. Ich habe nicht gewusst, wie mich der desolate Zustand dieser Welt schmerzen würde, wenn ich nachts wach liege und alle anderen schlafen – wie eindringlich ich Gott darum bitten würde, diese Finsternis zu vertreiben. Und ich habe auch nicht gewusst, wie intensiv ich ihn darum bitten würde, sein Reich wie im Himmel auch hier auf dieser gefallenen Erde kommen zu lassen.

Und ich habe ganz sicher nicht gewusst, wie viel ich weinen würde. All die vielen Freudentränen. Und ich habe nicht gewusst, wie Gott den Glauben und die Unverdorbenheit eines Kindes benutzen würde, um mich zu ermutigen. Wie er mir durch die Augen der kleinen Menschen ganz neu zeigen würde, die Welt mit all ihren Wundern zu bestaunen. Die Art, wie sie eine Raupe auf einem Blatt beobachten, mit einem Stock im Matsch rühren, Steine in einen Teich werfen oder einfach aus lauter Begeisterung ganz, ganz schnell rennen.

Manchmal, wenn ich in den Spiegel schaue und sehe, wie mein Bauch runder wird und die Hüften nicht mehr in meine Lieblingsjeans passen, dann denke ich wieder daran – ich soll eine Mama sein.

*Der König wird ihnen dann antworten: „Das will ich euch sagen. Was ihr für einen meiner geringsten Brüder getan habt, das habt ihr für mich getan!"*

MATTHÄUS 25,40

# Schwer zur Ruhe kommen

$\mathcal{M}$anchmal wehrt sich Samuel und kämpft richtig, wenn ich ihn abends ins Bett bringe. Ich weiß nicht, warum er sich so wehrt, denn er ist wirklich müde. Doch immer wieder hebt er das Köpfchen und strampelt und schreit, und ich muss ganz sanft meine Hand auf sein Köpfchen legen, damit er sich wieder hinlegt und zur Ruhe kommt.

Doch oft hört er dann immer noch nicht auf, sich zu wehren. Also wiederholen wir das Ganze noch zwei, drei Mal, bis er völlig erschöpft aufgibt, sich von seiner Mama beruhigen lässt und endlich einschlafen kann.

Und dann stapfe ich über die geliehenen Bücher aus der Bibliothek und die schmutzige Wäsche auf dem Fußboden und gehe auch ins Bett. Ich schlage die Decke zurück, mache das Licht aus und schlafe ein. Aber irgendwann mitten in der Nacht miaut dann die Katze oder Hope redet im Schlaf oder Samuel wird wach, sodass ich aufstehe, mich um die jeweilige Angelegenheit kümmere und dann wieder ins Bett gehe. Meistens bin ich dann hellwach.

Warum ich so wach bin, weiß ich auch nicht, denn eigentlich bin ich hundemüde. Aber dann sind da all diese Sorgen und Ängste, und ich wälze mich im Bett hin und her, erzähle

Gott, was mir zu schaffen macht, und bitte ihn um Hilfe. Und obwohl ich doch weiß, wie groß er ist, halte ich ein paar Dinge immer noch zurück, weil ich sie selbst in der Hand behalten will.

Doch zum Glück hört er ja unsere müden, gemurmelten Gebete, und deshalb merke ich meist über kurz oder lang, dass er da und mir nah ist, spüre beinahe körperlich, wie er mir seine Hand auf den Kopf legt und mich beruhigt, so, als würde er sagen: „Darum kümmere ich mich jetzt. Lass das mal meine Sorge sein. Du kannst jetzt loslassen und schlafen."

Aber oft kämpfe ich dann immer noch, weil es mir so wichtig ist, dass er an diese eine spezielle Sache auch wirklich ganz bestimmt denkt, und außerdem habe ich vergessen, noch eine andere Sache zur Sprache zu bringen, die mir so am Herzen liegt. Und so geht es dann hin und her, ich erinnere Gott an die Dinge, die er für mich tun soll, und er streichelt mir sanft über den Kopf und sagt: „Ich weiß. Ich kümmere mich darum."

*Was auch immer kommen mag, Gott tut alles Nötige.*

Und dabei ist er so zart und behutsam, und irgendwann im ersten Morgengrauen überlasse ich dann die Kontrolle dem einen, der nie schläft. Ich glaube, er möchte, dass ich etwas weiß: Ich kann in seinem Universum völlig sicher leben, denn Gott wird mich nie verlassen, und seine Liebe hört nicht auf. Es gibt keinen Ort, an dem er nicht ist oder zu finden wäre, also kann ich zur Ruhe kommen und schlafen. Was auch immer kommen mag, er tut alles Nötige.

Gott nimmt den Lehm und Morast meines Leidens und benutzt ihn, um mich daraus nach dem Ebenbild seines Sohnes zu formen. Und wie ein Töpfer an seiner Drehscheibe erschafft mein Schöpfer aus etwas Unansehnlichem etwas Schönes. Das, so sagt er, will er für seine Kinder tun. Denen, die ihn lieben, werden alle Dinge zum Besten dienen (Römer 8,28; LÜ 84).

Ich möchte ihm glauben, ihm zutiefst und aus dem Bauch heraus glauben.

Also schreibe ich es auf und spreche es dann laut aus. Ich singe es über meinen Kindern und bete es in meinem eigenen Herzen.

Was auch immer passiert, ich kann zur Ruhe kommen, denn er kümmert sich.

*Ich liege und schlafe ganz mit Frieden; denn allein du, Herr, hilfst mir, dass ich sicher wohne.*
Psalm 4,9 (LÜ 84)

*Das eine aber wissen wir: Wer Gott liebt, dem dient alles, was geschieht, zum Guten.*
*Dies gilt für alle, die Gott nach seinem Plan und Willen zum neuen Leben erwählt hat.*
Römer 8,28

# Licht – und warum es mich so berührt

*L*icht. Ich liebe es, das heißt, eigentlich bin ich richtig verrückt danach. Jedes Mal, wenn es durchs Fenster hereinströmt und auf den Boden, einen Stuhl oder auf etwas anderes fällt, bin ich fasziniert. Das klingt jetzt vielleicht etwas seltsam, aber ich *lechze* regelrecht nach Licht. Ich habe Hunger danach, und ich glaube, ich weiß auch, warum.

Licht hat eine heilende Wirkung auf mich. Es ist wie Medizin für mein Inneres. Ich muss Ihnen nämlich gestehen, dass ich hin und wieder mit abschätzigen Gedanken und lästigen Ängsten bombardiert werde. Mir wäre es lieber, wenn man mich für eine gut gelaunte, muntere, stets optimistische, niemals zweifelnde Person halten würde, aber in Wirklichkeit kenne ich auch ziemlich unschöne Momente.

In solchen Zeiten ist es für mich angesagt, mir nicht weiter selbst zuzuhören, sondern stattdessen mit mir selbst zu reden. Dann muss ich mir die Zeit nehmen, mir selbst zu sagen, was wahr ist, nämlich, dass Gott gut ist, und zwar immer. Und dass er nie aufhört, mich zu lieben. Niemals. Das ist die Wahrheit, die uns auch in der tiefsten Finsternis Halt geben kann.

Ich habe gelernt, dass Licht aus Energiewellen besteht. Vielleicht ist ja das der Grund, weshalb es mich so bewegt. Dieses

Auf und Ab, das pulsierend auf mich zukommt – wirklich zum Staunen.

Ich ziehe jeden Tag die Vorhänge weit auf, um das Licht hereinströmen zu lassen, und wo es dann auf den Teppichboden fällt, sitzen wir und spielen, und wenn es weiterwandert, ziehen wir mit, folgen ihm, aalen uns darin, nehmen es begierig auf.

Es wärmt, es macht Mut, und ich sage Ihnen – es macht uns heil.

Und wissen Sie, was ich an Licht noch so erstaunlich finde? Es verwandelt. Es fällt auf ganz gewöhnliche Dinge und verwandelt sie in Kunstwerke. Wenn ganz alltägliche Dinge in Licht getaucht sind, wird daraus etwas, das sich zu betrachten lohnt.

*Licht verwandelt ganz gewöhnliche Dinge in Kunstwerke.*

Im Auto vom Rücksitz aus fragt mich Gideon: „Mama, weißt du eigentlich, warum Gott Blitze gemacht hat? Weil er uns zeigen will, wie hell er ist!" Und das stimmt wirklich. Deshalb bezeichnet sich Gott selbst auch als Vater des Lichts. Und das liebe ich an ihm. Verstehen Sie? Er ist die Quelle, der Ursprung des Lichts und ich liebe das Licht. Wenn ich an ihn denke, wenn ich ihn mit den Augen meines Herzens ansehe, dann spüre ich, wie er all meine Finsternis verschluckt.

Es ist schwer, in einer so kaputten Welt zu leben. Es gibt hier wirklich Böses und echtes Leid, und das kann einen schon ziemlich überfordern. Bedrückende Gedanken, schlechte Träume … und manchmal werden unsere schlimmsten Gedanken und

Befürchtungen dann auch noch wahr. Eines haben wir nämlich alle gemeinsam – Zweifler wie Glaubende –, dass wir Trauer und Schmerz persönlich kennen. Und Gott bringt nicht *alles* davon wieder in Ordnung… jedenfalls nicht in diesem *irdischen* Leben. Und wir finden es oft so ungerecht, dass unser Kampf gegen das Böse nicht schon hier auf dieser Erde entschieden wird.

Ich muss gestehen, dass es mich immer schrecklich deprimiert, wenn ich all dem Schlimmen zu viel Aufmerksamkeit schenke. Deshalb muss ich die Wahrheit dagegenstellen und sie mir immer wieder vor Augen führen:

Das Böse und die Finsternis haben nicht das letzte Wort, sondern das letzte Wort hat Gott. Er ist das Licht. Wunderschönes, vor Freude berstendes Licht. Und am Ende der Zeit gehört ihm der Sieg!

Er ist so schön, nicht wahr? Und er ist es wert, dass ich mein ganzes Leben vor seinem leuchtenden Angesicht verbringe. Heute will ich in diesem Licht schwelgen.

*Das ist die Botschaft, die wir von Christus gehört haben und die wir euch weitersagen:*
*Gott ist Licht. Bei ihm gibt es keine Finsternis.*
1. JOHANNES 1,5

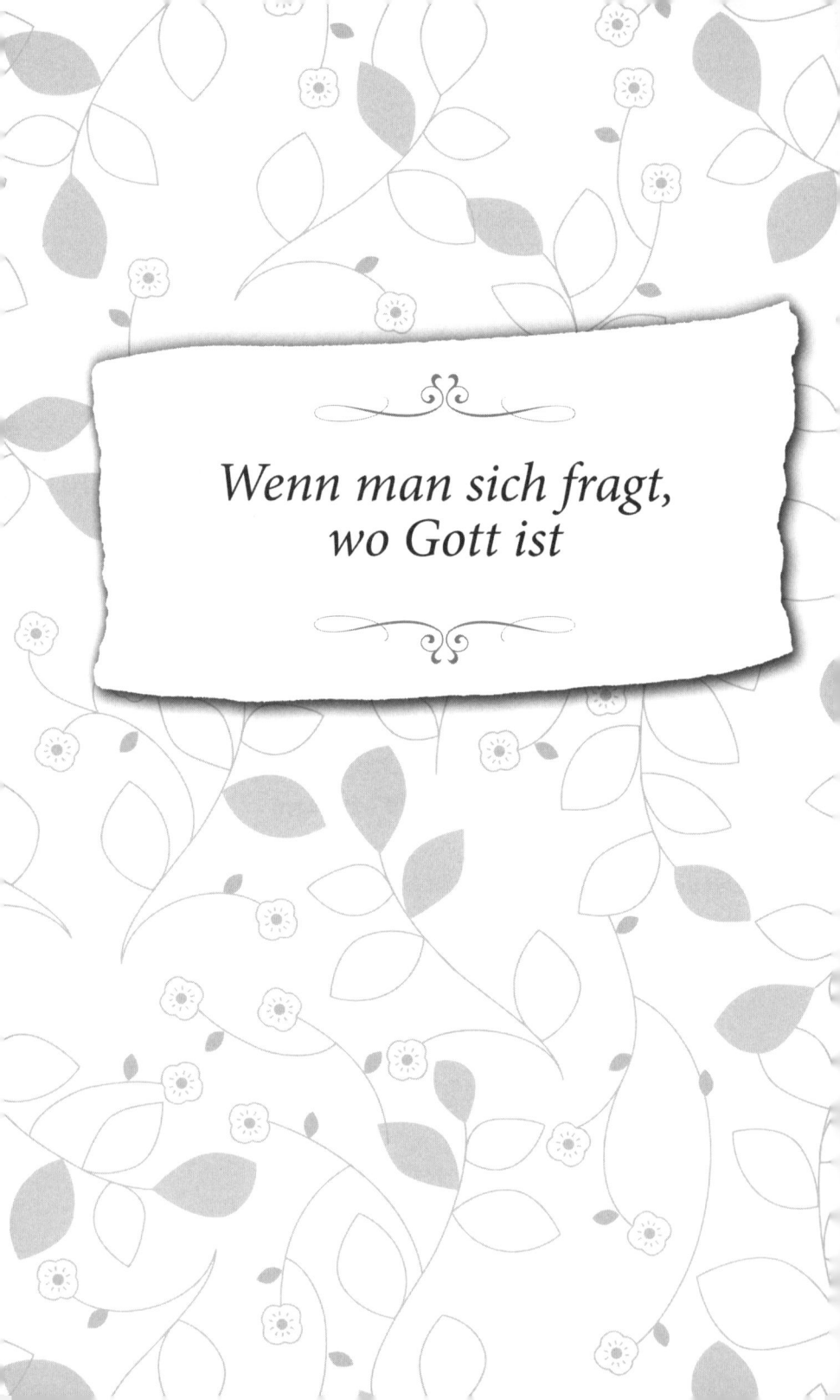

# Wenn man sich fragt, wo Gott ist

*I*n der Zeit, als ich noch ganz klein war, bevor ich adoptiert wurde, passierten schlimme Dinge, weil in Waisenhäusern oder in deren Umfeld manchmal böse Jungs leben, die kleinen Menschen schlimme Dinge antun, wenn niemand hinschaut.

Später dann, als Teenager, nachdem ich gerettet worden war und Jesus kennengelernt hatte, erinnerte ich mich aber immer noch an diese üblen Kerle, die schlimme Sachen gemacht hatten, und ich fragte mich, wo Gott eigentlich gewesen war, als das alles passierte und ich solche Angst hatte.

Ich hatte gelernt, dass Gott gut ist und freundlich ist, aber ich fragte mich jetzt, wieso er dann all diese schlimmen Sachen zugelassen hatte. Wusste er denn nicht, dass ich noch zu klein war, um mich selbst zu schützen oder mich zu wehren? War er vielleicht in Wirklichkeit gar nicht barmherzig und stark?

Eines Nachts breitete ich dann all diese Fragen vor ihm aus. Ich stellte ihm harte Fragen und flehte ihn um Antworten an.

Nachdem ich mir alles vom Herzen geredet hatte, legte ich meinen Kopf aufs Kissen und weinte. Und da kam Jesus. Der Tröster hatte mich gehört, und er kam, um mir Frieden zu schenken. Der gute Hirte näherte sich behutsam seinem kleinen verletzten Lamm und öffnete mir die Augen, sodass ich sehen konnte, dass all das Schlimme, das mich so traurig gemacht hatte, ihn ebenso traurig machte. All das, was mir das Herz gebrochen hatte, brach ihm auch seins. Er war die ganze Zeit da gewesen, hatte alles gesehen, und es tat ihm weh, denn alles, was den geringsten Brüdern angetan wird, wird auch ihm angetan (Matthäus 25,45).

Gott ist uns in unserem Schmerz nicht fern, geht nicht auf Abstand. Er kann uns trösten, weil er mit in unser Leid und unsere Dunkelheit hineinkommt und all unsere Schmerzen auf sich nimmt. Jesus ist nicht den leichten Weg gegangen. Als er ans Kreuz ging, häufte Gott all das Schlimme und Unaussprechliche der ganzen chaotischen Welt auf seinen vollkommenen Sohn, der ohne jeden Makel war. Die Sünde zerfetzte seine Haut und hinterließ blutige Striemen auf seinem Rücken. Jesus wurde verletzt, damit wir heil werden können. Durch seine Wunden sind wir geheilt.

*Gott macht aus all dem Schlimmen etwas Gutes.*

In dieser Nacht flüsterte Gott mir in mein Herz hinein, dass er aus all dem Schlimmen, das mir hatte schaden sollen, etwas Gutes machen würde (1. Mose 50,20).

Und dass er all das Ungute, das mich beeinträchtigen sollte, nehmen und in etwas Schönes verwandeln könne. Und als ich so dalag, innerlich ganz und gar offen für ihn, da nahm er all das Bedrückende, das mich gefesselt hatte, und befreite mich. Und dann verband er meine Wunden.

Ich habe immer noch schlimme Erinnerungen, aber er hat Scham und Schande von mir genommen.

Es gibt wirklich einen Gott, der denen, die ihn lieben, alles zum Besten dienen lässt. Und wenn er wirklich in allem wirkt, bedeutet das denn dann nicht auch, dass nichts umsonst geschieht? Nichts Schlimmes, keine Finsternis und kein Schmerz?

Weil ich selbst einiges an Leid erfahren habe, bin ich ausgesprochen sensibel für Leid und Schmerz bei anderen, und dieses Gespür hätte ich bestimmt nicht in dem Maße, wenn ich nicht das Gleiche selbst erlebt hätte.

Wenn Sie sich fragen, wo Gott ist – er ist da. Er heilt das Zerbrochene, bleibt bei den Weinenden und tröstet uns mit seiner Liebe. Und wenn wir dann wieder heil sind und zutiefst getröstet, dann können wir aufstehen, losziehen und das Gleiche bei anderen tun.

*Doch er wurde blutig geschlagen, weil wir Gott die Treue gebrochen hatten; wegen unserer Sünden wurde er durchbohrt. Er wurde für uns bestraft – und wir? Wir haben nun Frieden mit Gott! Durch seine Wunden sind wir geheilt.*

Jesaja 53,5

# Dieses Leben –
# ein Liebeslied

*L*ieber Gott, mein Schöpfer,

es gibt Nächte (das weißt du … denn du hörst und siehst mich dann), da wende ich mich in tiefstem Schmerz an dich. Nächte sind das, in denen die Tränen laufen, in denen ich mich so danach sehne, dich zu spüren und von dir festgehalten zu werden. Dann denke ich, dass ich, wenn ich mich nur weit genug ausstrecke, um dich, Heiliger, oder auch nur den Saum deines Gewandes zu berühren, geheilt werde. Nicht nur zu *wissen*, dass du da bist und real, sondern dich anzufassen, deine allumfassende Liebe zu spüren. Ich frage mich, wieso es dieses Sehnen nach mehr von dir überhaupt gibt, wenn du nicht die Absicht hättest, es zu erfüllen.

Und ich habe herausgefunden, dass du, der du mich unendlich liebst, *wirklich* da bist und dass du nicht schweigst. Deine Liebe ist lebendig und nah, kommt an jeder Ecke auf tausenderlei Weise auf mich zu – ich muss nur aufhören, mich so anzustrengen, und stattdessen einfach hinhören. Dort in der Stille, wenn ich innerlich ganz aufmerksam und still bin, kann ich deinen rhythmischen Herzschlag hören.

Herr, du bist der Erlöser, der jedes Leid aus persönlicher

Erfahrung kennt. Für mich hast du dich schlagen lassen, hast dir die Dornenkrone auf den Kopf drücken und deine Kopfhaut zerfetzen lassen. Das alles hast du erduldet, damit ich heil werden kann.

Ich weiß ja, wie verloren ich war, wie ich umhergeirrt bin, bis meine Seele ganz wund war. Aber du hast nach mir gesucht, und als du mich gefunden hast, bist du laut rufend auf mich zugerannt gekommen. Was kann ich dir jetzt geben? Was kann ich dir schenken? Ein Liebeslied? Ich könnte mein Leben für dich singen lassen, mein Retter, mein König!

*Als du mich gefunden hast, bist du laut rufend auf mich zugerannt gekommen.*

Ja, ich preise dich. Und ich schreibe das hier nieder, damit bekannt wird, dass du mir nah warst an diesem Tag, an dem ich versucht habe, dich zu fassen zu bekommen. Nah genug, dass ich dich spüren konnte. Kann es sein, dass du sogar zuerst auf mich zugekommen bist, dass du schon die ganze Zeit da warst? Dass es dir schon immer ein Herzensanliegen war, dich von mir finden zu lassen, damit ich dich spüre und dich kennenlerne?

Herr, wenn auch nur stockend, singe ich es laut heraus. Und kann es sein, dass du es bist, den ich da ebenfalls singen höre? Bist du es, der mich mit seiner Liebe beruhigt und sich mit seinen Liedern über mich freut? Ich stimme meinen Herzschlag auf deinen ab und gebe dir alles, was ich habe – dieses Leben –, mein Liebeslied.

*Der Herr, euer Gott, ist in eurer Mitte; er ist stark und hilft euch! Von ganzem Herzen freut er sich über euch. Weil er euch liebt, redet er nicht länger über eure Schuld. Ja, er jubelt, wenn er an euch denkt!*

ZEFANJA 3,17


*Denn ich erinnere mich, dass du gesagt hast: „Suchet meine Nähe!" Das will ich jetzt tun und zu dir beten.*

PSALM 27,8

# Wenn man das Gefühl hat, nicht gut genug zu sein

$Z$wei Mal habe ich dieses Gefühl diese Woche gehabt, dieses *Du-bist-nicht-gut-genug-und-erfüllst-nicht-die-Erwartungen*-Gefühl.

Das eine Mal, als ich mit ein paar Freundinnen in der Küche stand, und mir auffiel, wie gut sie aussahen, wie durchtrainiert und wie schick und modern sie gekleidet waren, und dann hörte ich diese kleine Stimme in meinem Hinterkopf: *Also… du bist echt bieder – 'ne richtige Mutti. Mit denen kannst du nicht mithalten.*

Doch mit diesen Gedanken befasste ich mich nur ganz kurz, weil ich schnell merkte, was für Lügen das waren. Und weil ich gerade dabei bin zu lernen, auch für kleine Dinge in meinem Leben zu beten, erzählte ich Jesus meine Gedanken und spürte, wie er mich beruhigte… *Vergleiche dich nicht mit anderen, Maggie. Das ist nicht klug.* Also setzte ich mich hin und freute mich über meine Freundinnen – einfach so – und fragte mich, ob ich es wohl hinbekommen würde, meine Haare so zu flechten wie die eine von ihnen.

Und heute habe ich dann wieder dieses Gefühl gehabt, nicht gut genug zu sein. Eine Freundin machte eine völlig harmlose Bemerkung über etwas, das ich gemacht hatte, und ich interpretierte alles Mögliche in diese Aussage hinein, bis ich richtig wütend war auf die ganze Welt und all die Leute, die mich vielleicht nicht akzeptieren oder der Meinung sind, dass ich nicht genüge.

Ich war richtig erschüttert. Wie soll man denn damit umgehen, wenn man etwas Schönes gestaltet und es gefällt den Leuten nicht? Verkriecht man sich dann in sein Mauseloch und versucht, die Welt draußen auszublenden? Oder stampft man mit dem Fuß auf und sagt allen, sie sollen gefälligst den Mund halten? Oder fasst man den Entschluss, nie wieder ein Risiko einzugehen? Ich muss gestehen, dass ich in solchen Situationen all diese Reaktionen ernsthaft in Erwägung ziehe.

> *„Vergleiche dich nicht mit anderen!",* flüsterte Jesus mir zu.

Aber auch jetzt flüsterte mir Jesus wieder zu: *Vergleiche dich nicht mit anderen, Maggie. Das ist nicht klug.* Und ich glaube, ich weiß auch, warum er das sagt. Weil ich mich einerseits vielleicht vergleiche und besser finde als die anderen und dadurch hochmütig werden könnte, mich andererseits aber nach so einem Vergleich auch wie der letzte Depp fühle und das Gefühl habe, nicht gut genug zu sein und Erwartungen nicht zu erfüllen. Und dieses Gefühl stürzt mich meist in tiefe Verzweiflung. Und eines ist ganz sicher: Jesus will nicht, dass ich verzweifelt bin.

Statt also vor dem Spiegel zu stehen und zu sagen: *„Du bist ein Star! Keine ist wie du!",* höre ich auf Gott und komme zu dem Schluss, dass es nicht klug ist, sich zu vergleichen. Die Welt zückt vielleicht ihre Messlatte und be- und verurteilt, aber Jesus steht immer vor dem Thron Gottes und tritt für mich ein. Nichts, absolut gar nichts, kann mich von der Liebe dessen trennen, der für mich eintritt und mich ganz und gar und alles an mir annimmt (Römer 8,38-39).

*Wir würden es natürlich niemals wagen, uns mit denen zu vergleichen, die sich überall selbst empfehlen, oder uns gar auf eine Stufe mit ihnen zu stellen. Wie unverständig sie doch sind! Sie stellen ihre eigenen Maßstäbe auf, um sich dann selbst daran zu messen.*

2. KORINTHER 10,12

# Wie wir lieben

*S*ie schaut mich mit diesem unglaublich glücklichen Blick an. Sie malt, weil es in ihr angelegt ist, kreativ zu sein und zu gestalten. Sie hält ihr Kunstwerk hoch, um es mir zu zeigen und von mir zu hören: „Wie schön, Hope! Das hast du super gemacht. Du kannst so toll malen!" Man kann tatsächlich andere mit Worten erreichen und dadurch helfen und heilen. Man hilft ihnen dadurch, stärker zu werden und sich weiterzuentwickeln.

Ich kann ihr mit meinen Worten meine Liebe zeigen.

Gideon fabriziert ständig das größte Durcheinander. Das macht mich manchmal wirklich verrückt. Ständig und überall ist Chaos.

*Manchmal kann man mit einem Blick umarmt werden.*

Ich kann aber stattdessen auch einfach über manches davon hinwegsehen, weil ich weiß, dass meine Zeit als Mutter kleiner Kinder bald vorüber sein wird. Es gibt einen Tonfall, der nährt und fördert und Annahme signalisiert, einen Tonfall, bei dem sich Menschen sicher fühlen.

Ich kann ihm mit meiner Stimme meine Liebe zeigen.

Manchmal schaut Samuel uns ganz intensiv an, so, als ob er bis in unser Innerstes hineinsehen kann. Ich erwidere seinen

Blick ganz und gar offen, weil es keine Unsicherheit zwischen uns gibt, sondern nur sicheres Wohlbehagen. Irgendwie halten wir uns mit diesem Blick gegenseitig fest. Manchmal kann man mit einem Blick umarmt werden.

Ich kann ihm mit meinen Augen meine Liebe zeigen.

*Herr, lass dir meine Worte und meine Gedanken gefallen! Bei dir bin ich geborgen, du bist mein Retter!*

PSALM 19,15

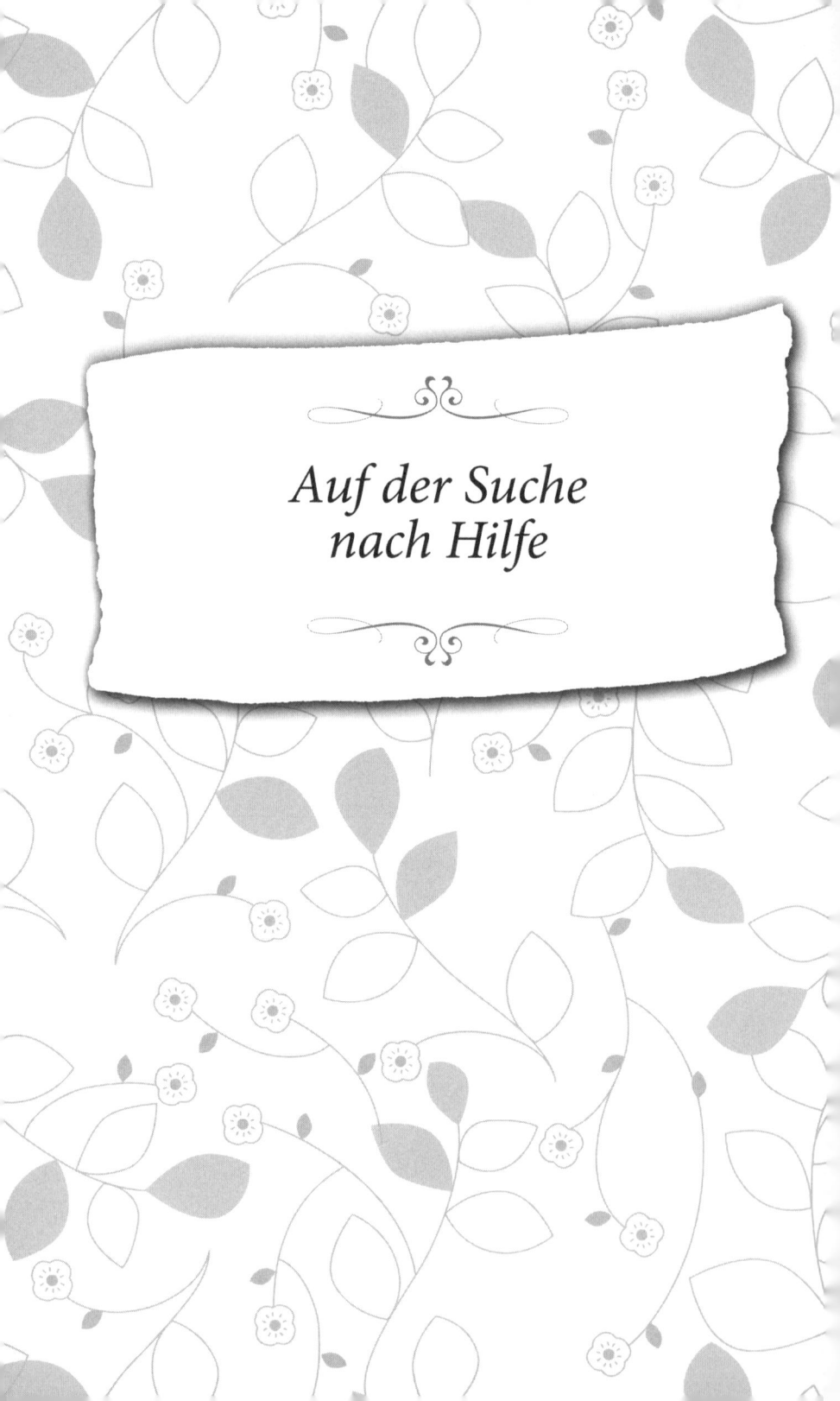

# Auf der Suche nach Hilfe

*H*eute Morgen saß ich ein bisschen mutlos auf dem Sofa und bat Gott um Hilfe. Ich raffte allen Glauben zusammen, den ich aufbringen konnte (in dem Moment nicht gerade viel), und breitete alles vor ihm aus.

Dann stand ich auf und vertraute darauf, dass mein Schöpfer mich innerlich stärken und mir das geben würde, was ich brauchte, damit es mir an diesem neuen Tag gut ging und ich mich weiterentwickelte.

Und als ich dann in der Küche an der Spüle stand und den Schmutz von gestern wegscheuerte, da hörte ich es. Wirklich, ich habe es laut und deutlich gehört.

> *Wirklich, ich habe es laut und deutlich gehört.*

Manchmal hört man die Stimme von Jesus in Gestalt des kleinen Sohnes, der auf seinem Dreirad vorbeisaust und seinen Spielgefährten ausgelassen zuruft: „Hey, wenn ihr stecken bleibt, *helfe ich euch!* Und wenn ihr euch wehtut, dann helfe ich euch auch! Okay?"

*Danke, Herr, für all die unterschiedlichen Arten, auf die du zu uns kommst. Oft wartest du, bis wir reif dafür sind und schon ziemlich verzweifelt, aber du kommst, und zwar so sicher, wie die Sonne jeden Morgen wieder aufgeht. Du kommst und hilfst denen, die merken, dass sie in Not sind.*

Heute lasse ich dieses Versprechen in meinem Inneren nachklingen:

*Ich schaue hinauf zu den Bergen – woher kann ich Hilfe erwarten? Meine Hilfe kommt vom Herrn, der Himmel und Erde gemacht hat!*

Psalm 121,1-2

# Warum Gott unser chaotisches Herz will

*J*esus sagt: „Kommt her!" (Matthäus 11,28). Das verstehe ich. Den ganzen Tag sage ich meinen Kindern, dass sie herkommen sollen. Sie kommen mit ihren Rotznasen und ich putze sie. Oder sie kommen mit schmutzigen Händen und ich wasche sie. Oder mit hungrigen Bäuchen, und ich gebe ihnen etwas Gutes, Nahrhaftes, Sättigendes zu essen. Wenn also Jesus sagt: „Kommt her", dann weiß ich, was das bedeutet, nämlich Folgendes: *Komm mit deinem ganzen Chaos. Ich sehe, dass du innerlich so hungrig bist. Ich weiß, dass du kaputt bist. Komm doch zu mir. Komm jetzt sofort, denn ich habe das, was du brauchst.*

Ich bin dankbar, dass Jesus so ist. Und ich bin froh, dass er nicht sagt: „Moment mal! Jetzt warte erst mal ab, bis du alles auf der Reihe hast. Komm mir bloß nicht zu nah, solange in dir ein solches Chaos herrscht, sondern sortier dich erst mal und sorge für ein bisschen innere Ordnung, damit du gut aussiehst. Und wenn du dich dann besser fühlst, weil du gut aussiehst, dann kannst du kommen."

So haben es nämlich die Pharisäer gemacht. Sie dachten, sie würden von Gott erst dann angenommen, wenn sie alles über den Glauben wüssten und alles bis ins Letzte genau beachteten.

Doch all ihr Wissen über Gott half ihnen kein bisschen weiter, sondern machte sie nur hochmütig, und dadurch stellten sie sich letztlich selbst ein Bein. Sie waren zu stolz, um mit ihrem inneren Chaos und ihren Nöten zu ihm zu kommen. Ja, ihnen war nicht einmal bewusst, dass es überhaupt Chaos in ihrem Inneren gab.

Jesus sagt: „Kommt!" Er ruft Menschen, die müde, abgekämpft und einfach fertig sind, zu sich, Menschen, die viel mehr auf dem Herzen haben, als ihnen bewusst ist, Menschen, die vom Leben gebeugt sind und einfach erschöpft. Und das Großartige daran ist, dass die einzige Voraussetzung, die erfüllt sein muss, um zu Jesus kommen zu können, darin besteht, zu merken, dass wir ihn brauchen. Weil wir ausgelaugt und leer sind, einfach kaputt. Und weil wir nicht haben, was wir brauchen.

*Das wunderbare Versprechen, das er gibt, lautet: Ich will dir Ruhe geben.*

Das wunderbare Versprechen, das er gibt, lautet: *Ich will dir Ruhe geben.* Und genau das tut er auch. Er gibt uns Seelen-Ruhe.

Also komme ich so zu ihm, wie ich bin, damit ich ihn so kennenlerne, wie er wirklich ist, den Gott, der hungrige Herzen mit sich selbst sättigt. Er ist der eine, der eine unruhige und bange Seele mit seiner Liebe ganz ruhig machen kann. Ich warte nicht, bis ich ein besserer Mensch bin, sondern ich komme jetzt sofort, und zwar, weil Jesus es so möchte.

Er ist der Gott, der immer für uns ist, immer und immer für uns – und dessen Ziel es ist, dass wir zur Ruhe kommen.

*Kommt alle her zu mir, die ihr euch abmüht und unter eurer Last leidet! Ich werde euch Ruhe geben.*

MATTHÄUS 11,28

# Hunger nach Schönheit

$\mathcal{B}$ rent und ich machen uns auf den Weg, um ein paar Besorgungen zu machen, und auf der Fahrt kann ich nicht aufhören, meinen Blick über die Felder und die vielen Gräben schweifen zu lassen. Ich will jeden Baum, jeden herbstlich leuchtend bunten Strauch und all die Wildblumen sehen, will all diese Schönheit in mich aufnehmen.

Der Himmel hat einen perfekten Blaugrau-Ton, durch den die Gelb- und Orange- und Rottupfer noch hervorgehoben werden, sodass ich immer wieder sagen muss: „Ooooh, schau doch mal da! Sieh doch mal das da!" Ich bin sicher, dass ich jetzt schon etwas nervig bin, aber ich möchte, dass Brent auch all das sieht, woran ich mich so freue.

Ich verspüre sogar einen durchdringenden Schmerz bei dem Gedanken, dass schon viel zu bald all das leuchtend gefärbte Laub verschwunden sein wird, und ich möchte diesen Anblick voll auskosten! Wenn ich richtig verrückt wäre, würde ich jetzt sofort hier am Straßenrand anhalten, aus dem Wagen springen und ganz langsam herumlaufen, jeden Baum einzeln mit ganzer Aufmerksamkeit betrachten, und ich würde einen dicken Strauß wilder lila Astern für meinen Küchentisch pflücken.

Manchmal frage ich mich, warum ich einen so heftigen Hunger nach all dieser Schönheit habe. Ich kann mich einfach nicht sattsehen daran, möchte immer mehr davon. Was in mir treibt dieses Verlangen an, egal, wo ich bin?

Jeden Morgen öffne ich die Rollläden und bin gespannt auf die Pracht des neuen Tages. Und am Abend kann ich erst ins Bett gehen, wenn ich noch einmal kurz vor die Haustür getreten bin und einen letzten Blick auf den milchig weißen Mond geworfen habe.

Manchmal komme ich aus dem Supermarkt, stehe auf dem Parkplatz, und wenn ich dann den Himmel sehe, möchte ich nach oben zeigen und laut rufen: „Hey Leute! Schaut doch mal! SEHT DOCH, WIE SCHÖN ES IST! SCHAUT DOCH! WAS FÜR EINE PRACHT."

*Kann es sein, dass ich schon immer dazu gedacht war, der Schönheit nachzujagen? Als eine „Herrlichkeitsguckerin"?*

Kann es sein, dass ich schon immer dazu gedacht war, der Schönheit nachzujagen? Als eine „Herrlichkeitsguckerin"? Kann es sein, dass der Gott, der mich gemacht hat und all das, was ich sehe, irgendwie diese Sehnsucht in mich hineingelegt hat? Dass ich vielleicht, nur vielleicht, danach suchen soll… und danach streben… bis ich den Urheber finde, der all diesen Hunger nach Schönheit stillen kann … *Ihn.*

Und sind nicht alle, die der Schönheit nachjagen, im Grunde Gott-Sucher, Menschen, die Hunger nach Herrlichkeit haben und immer mehr davon sammeln wollen?

Und so bin ich also auch heute wieder auf der Suche nach Schönheit, und diese Suche treibt mich zu der Quelle, von der alle Schönheit kommt. Und ich merke, dass ich die ganze Zeit, die ich nach Schönheit gesucht habe, meinen Weg zu ihm hin gefühlt habe.

*Es ist der Gott, der die Welt und alles, was in ihr ist, geschaffen hat. Dieser Herr des Himmels und der Erde wohnt nicht in Tempeln, die Menschen gebaut haben. Er braucht auch nicht die Hilfe und Unterstützung irgendeines Menschen. Er, der allen das Leben gibt und was zum Leben notwendig ist, er hat den einen Menschen geschaffen, von dem alle Völker auf der ganzen Erde abstammen. Er hat auch bestimmt, wie lange und wo jeder Einzelne von ihnen leben soll. Das alles hat er getan, weil er wollte, dass die Menschen ihn suchen. Sie sollen ihn spüren und finden können. Und wirklich, er ist jedem von uns ja so nahe! Durch ihn allein leben und handeln wir, ja, ihm verdanken wir alles, was wir sind.*

APOSTELGESCHICHTE 17,24-28

# Was jedes Mädchen
## einmal hören muss

*I*ch wünschte, ich könnte in Worte fassen, was sie mir bedeutet. Sie muss nicht das Geringste tun, um sich meine Liebe zu verdienen. Ich liebe sie einfach, weil sie ist, wer sie ist und wie sie ist. Ich habe schon einige Sprüche von Leuten zu hören bekommen: „Warte ab, bis sie in die Pubertät kommt." Wahrscheinlich ist diesen Leuten nicht klar, dass ich vorhabe, sie dann trotzdem zu lieben. Nichts noch so Großartiges, das sie täte, könnte mich dazu bringen, sie mehr zu lieben, und nichts noch so Schreckliches könnte bewirken, dass ich sie weniger lieb hätte. Meine Mama liebt mich ja schließlich auch auf diese Weise. Und ist die Liebe von Jesus nicht ebenso?

Ich schaue sie an, dieses kleine Mädchen, das wie durch ein Wunder aus mir entstanden ist, und frage mich, wie ich wohl in ihrem Alter war. Weil ich im Alter von sieben Jahren adoptiert worden bin, habe ich keine Babyfotos von mir, und ich weiß weder wo noch wie ich damals war. Manchmal denke ich, was für ein Wunder es ist, dass ich jetzt genau hier bin ... und sie anschaue.

Mädchen brauchen so viel. Sie müssen wissen, dass sie geliebt sind, müssen sich wertgeschätzt und als ganze Person angenommen fühlen, so wie sie sind. Sie müssen sich sicher und geschützt fühlen. Jedes Mädchen muss zu hören bekommen, wie schön es ist und wie wertvoll. Es tut mir weh um jedes Mädchen, dem das niemand sagt, und das deshalb sein ganzes Leben lang nicht glauben kann, wie wunderbar es gemacht ist.

Es gibt also ein paar Dinge, die ich ihr möglichst oft zuflüstern muss, und ich bete, dass vieles davon sich ihr ganz tief einprägt. Denn aus irgendeinem Grund vergessen Mädchen leicht und neigen dazu, genau diese Dinge gar nicht erst zu glauben. Wir brauchen Bestätigung. Es gibt so viele andere entmutigende und abwertende Stimmen da draußen, die ohrenbetäubend laut sein können. Und bevor wir wissen, was los ist, greifen wir nach etwas oder jemandem, *irgendetwas*, damit wir uns geliebt, uns wieder ganz und heil fühlen.

> *Sie muss sich seine Liebe nicht verdienen. Er liebt sie einfach, weil es sie gibt und weil sie sie ist.*

Also werde ich ihr von ihrem Schöpfer erzählen – dem einen, der sie erdacht und gemacht hat, dem einen, dem sie gehört. Jeden Tag ist sie seine ganze Freude. Jeden Tag aufs Neue schenkt er ihr seine Gnade. Sie muss sich seine Liebe nicht verdienen. Er liebt sie einfach, weil es sie gibt und weil sie sie ist. Und wenn sie ganz genau hinhört, dann kann sie hören – wie er ihr seine Liebeslieder singt (Zefanja 3,17). Manchmal hört sie ihn in der sanften Brise oder im Sonnenschein im Gras. Und manchmal in der Stimme ihrer Mama, im Blick ihres Papas oder im Lachen ihres Bruders.

Sie muss wissen, dass ihr Schöpfer alle ihre Tränen in einem Krug sammelt (Psalm 56,9; LÜ 84), dass er die Anzahl der

Haare auf ihrem Kopf kennt (Matthäus 10,30), dass er jeden Tag öfter an sie denkt, als es Sandkörner an allen Stränden dieser Welt gibt (Psalm 139,17-18). Ich werde ihr das alles immer wieder sagen, weil auch ich es immer wieder hören muss, damit ich daran denke.

Und Folgendes ist mein Gebet: Dass sie bei allem Sich-Ausstrecken, bei dem Gefühl, etwas festhalten zu müssen, um die Leere in ihrem Inneren auszufüllen, Gott findet. Den einen, der sie vollständig macht, den, der jedem Mädchen seinen Wert gibt, es kostbar macht, ihm Schönheit, Freude und Liebe schenkt. Und ich bete, dass Gott ihr Augen geben möge, mit denen sie sehen kann, dass er die ganze Zeit da gewesen ist und sich nach ihr ausgestreckt hat, um sie zu sich zu ziehen.

*Du siehst doch, wie lange ich schon umherirre! Jede Träne hast du gezählt, ja, alle sind in deinem Buch festgehalten.*
PSALM 56,9

*Wie schwer sind für mich, Gott, deine Gedanken! Wie ist ihre Summe so groß! Wollte ich sie zählen, so wären sie mehr als der Sand: Am Ende bin ich noch immer bei dir.*
PSALM 139,17-18 (LÜ 84)

# Verschwenderische Liebe

*M*anchmal spüre ich ganz genau, wie diese unglaubliche Liebe Gottes in mich hineinrinnt, wie sie wie frisches Wasser meine durstige Seele benetzt und mich damit schließlich ganz durchtränkt.

Ich strecke mich seitwärts aus – und deine Liebe ist so weit, wie der Osten vom Westen entfernt ist.

Ich strecke mich nach oben aus und deine Liebe ist so groß. Ich prüfe sie und sie hält.

An manchen Tagen kann ich sie hören wie einen Ruf direkt aus dem blauen Himmel. Auf dem Supermarktparkplatz blicke ich auf und höre, wie er seine Liebe verkündet. Seine Herrlichkeit jauchzt durch seinen ganzen Himmel und zeigt mir deutlich, dass er da ist. Und da war. Und immer da sein wird.

Dann wieder ist seine Liebe wie ein leises Flüstern, das ich nur hören kann, wenn ich ganz still bin und genau hinhöre. Aber dann ist es klar und deutlich da, dieses pochende, pulsende Rauschen des schlagenden Herzens. Es ist doch irrwitzig, dass er uns auf so unglaublich viele unterschiedliche Arten mit Liebe überschüttet. Zum Beispiel in Form einer Stelle dort hinten am Gartenzaun, wo Wegwarte blüht. Dutzende kleiner blauer Blüten – wie kleine Liebesbriefe.

Tag und Nacht spricht er mit mir und immer kommt die Botschaft direkt aus seinem Herzen.

Jeden Morgen ist er aufs Neue da, durchtränkt mich mit seiner Liebe, und ich finde alles, wonach ich gesucht habe. Alles, was ich brauche, ist da! Ich öffne meine Hände – und er schenkt mir sein Herz.

*Gott aber hat uns seine große Liebe gerade dadurch bewiesen, dass Christus für uns starb, als wir noch Sünder waren.*

Römer 5,8

*Gottes Liebe zu uns ist für alle sichtbar geworden, als er seinen einzigen Sohn in die Welt sandte, damit wir durch ihn leben können. Das Einzigartige an dieser Liebe ist: Nicht wir haben Gott geliebt, sondern er hat uns seine Liebe geschenkt. Er gab seinen Sohn, der alle Schuld auf sich nahm, um uns von unserer Schuld freizusprechen.*

1. Johannes 4,9-10

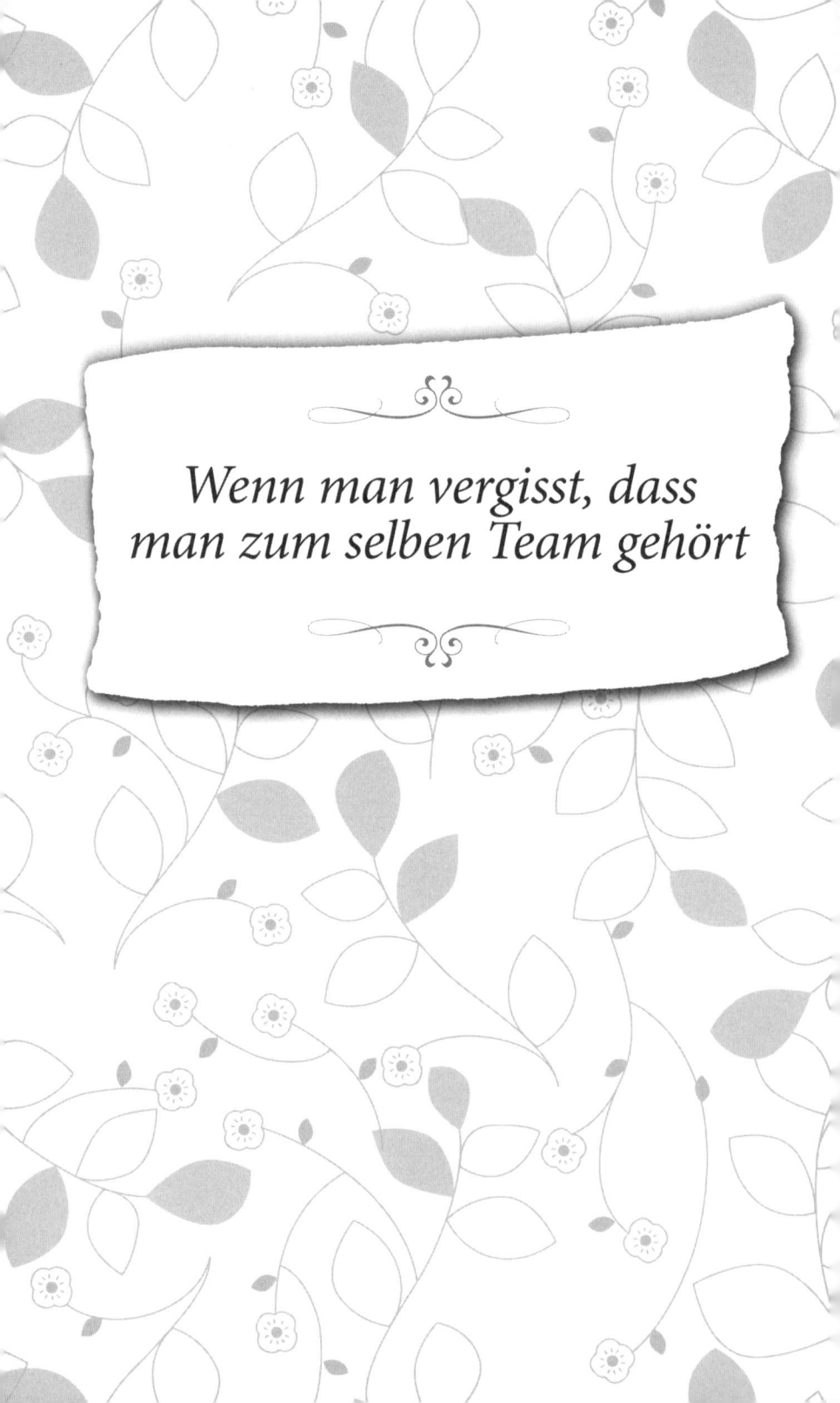

*Wenn man vergisst, dass
man zum selben Team gehört*

*I*ch liebe meinen Mann sehr. Er ist mein bester Freund, und ehrlich gesagt ist es auch nicht besonders schwer, ihn zu lieben. Er arbeitet hart, kommt jeden Abend nach der Arbeit nach Hause, um bei der Familie zu sein, er bringt den Müll raus und mäht den Rasen, er bedankt sich für das Essen, das ich koche, und er macht sogar den Klodeckel zu. Ein wirklich toller Kerl also. Aber manchmal vergesse ich, dass er so toll ist. Dann fällt mir plötzlich all das auf, was er nicht tut, meiner Meinung nach aber unbedingt tun sollte. Und dann rege ich mich über ihn auf. Mein Ärger über ihn trübt dann meinen Blick, und weil mein Mann meine Erwartungen nicht erfüllt, fange ich an zu überlegen, wie ich ihm das heimzahlen kann.

*Ich ignoriere ihn einfach für den Rest des Tages oder ich wasche seine Wäsche nicht mehr und sammle auch nicht mehr seine schmutzigen Socken auf. Mal sehen, was er dann sagt. Nein, ich weiß noch etwas Besseres… ich koche einfach nicht mehr für ihn. Dann wird er schon sehen…*

Und manchmal kommen mir sogar ganz schlimme Gedanken: *Ich verlasse ihn,* denke ich dann. *Ich gehe einfach weg und er muss dann mit dem Verlust fertig werden.*

Wenn solche Gedanken und Gefühle kommen, dann *scheint* es in dem Moment völlig richtig und in Ordnung, ihnen Raum zu geben und sich mit ihnen zu beschäftigen, aber irgendwann werden sie so beherrschend, dass es einem fast sinnlos vorkommt, gegen sie anzugehen, und man lässt sich von Ärger und Gemeinheit in Beschlag nehmen. Wenn ich ihn für seine Fehler büßen lasse und meinen Willen bekomme, dann wird bestimmt alles besser, denke ich dann. Stimmt doch, oder? Nein, das ist leider nicht so. Im Gegenteil, so eine vergeltungssüchtige Haltung fühlt sich ganz schrecklich an.

> *Gott, der unser Herz kennt, weil er es gemacht hat, ist der Einzige, der aus einem bösen Herzen ein gutes machen kann.*

Und wer hat denn etwas davon, wenn einer beschließt, den anderen nicht mehr zu lieben?

Aber was soll ich denn stattdessen tun, wenn ich eigentlich am liebsten richtig gemein sein möchte? Wenn ich Brent gern einmal die eine oder andere Lektion erteilen möchte, weil er wieder mal nicht all meine Erwartungen erfüllt hat… auch wenn die zugegebenermaßen schon etwas unrealistisch sind?

Ich weiß dann nichts Besseres als Beten. Denn Gott, der unser Herz kennt, weil er es gemacht hat, ist der Einzige, der aus einem bösen Herzen ein gutes machen kann.

Und soll ich Ihnen etwas sagen? Gott ist wirklich erstaunlich! Er hört unsere Gebete!

Wenn ich nicht weiterweiß und ihn dringend brauche, damit er mein Herz, meine innere Einstellung verändert, dann tut er das! Wenn ich ihn bitte, dass er mir hilft zu vergeben, dann erinnert er mich daran, wie oft er mir schon vergeben hat, und schenkt mir dann die Fähigkeit, Kleinigkeiten zu verzeihen, die mir so riesig vorkommen. Wenn ich ihn bitte, mir dabei zu helfen, wieder zu lieben, dann schüttet er seine Liebe in mein Herz aus, sodass da etwas ist, das ich Brent geben kann.

Genau in dem Moment, in dem ich das Schlimmste denke – erinnert mich Gott an etwas, nämlich daran, dass ich ihn *brauche*, damit diese Ehe gelingen kann. Ich *brauche* ihn, damit diese Ehe stark ist. Ich *brauche* ihn, und dass er dabei bleibt, weil Brent und ich – nun ja, weil wir eben zum selben Team gehören.

Und es ist etwas Wunderbares, einen Teamgefährten zu haben. Besonders einen so attraktiven.

*Und diese Hoffnung geht nicht ins Leere. Denn uns ist der Heilige Geist geschenkt und durch ihn hat Gott unsere Herzen mit seiner Liebe erfüllt.*

Römer 5,5

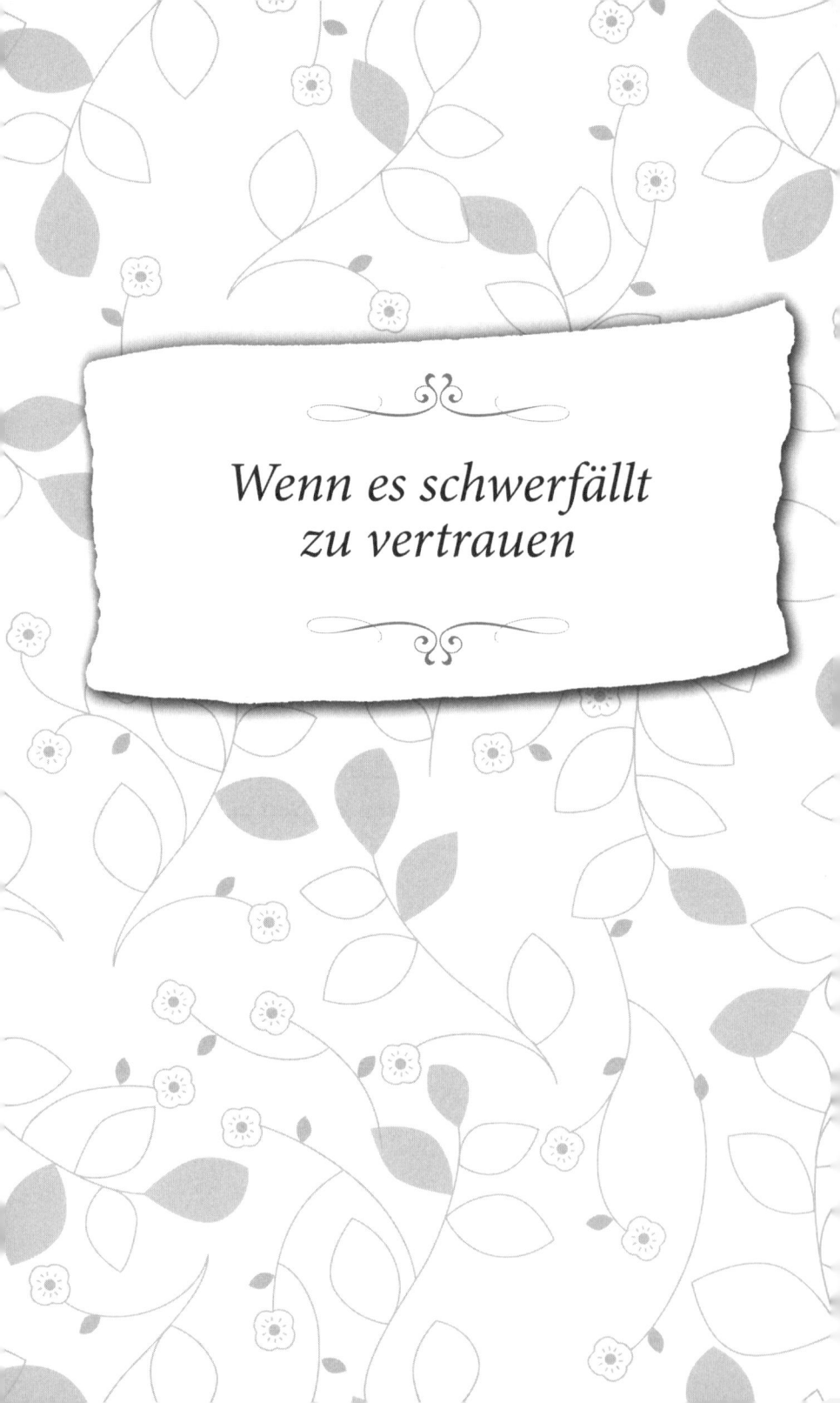

# Wenn es schwerfällt
# zu vertrauen

$\mathcal{A}$ls ich Gideon ins Bett bringe und noch eine Weile bei ihm liege, schlingt er seine kleinen Arme um meinen Hals und bettelt: „Bleibst du bei mir, Mama?" Draußen gewittert es, und es beruhigt ihn, wenn er nicht alleine einschlafen muss.

Ich sage ihm, dass ich noch einen Moment bleibe, aber dass er in Sicherheit ist, weil ja Jesus immer bei ihm ist, auch dann, wenn seine Mama nicht da ist. Müde murmelt er: „Jesus ist traurig, weil er möchte, dass wir bei ihm sind."

Ich denke an den Gott, den es schmerzt, dass seine Kinder ihm manchmal nicht vertrauen. Wir bekommen Angst, und in unserer Angst rennen wir weg, wenn ein Sturm aufzieht. Ich kannte einen Mann, der von einem Tornado in die Luft gewirbelt, durch den ganzen Garten geschleudert wurde und dabei ums Leben kam. Ich fragte mich, wie Gott so grausam sein kann.

Langsam drifte ich in den Schlaf. Irgendwann werde ich wach und höre eine heftige Windböe. Im Dunkeln denke ich an Gott, aber das beruhigt mich nicht, sondern ich habe Angst, denn was ist, wenn die Wände einstürzen und uns unter sich begraben? Was soll man denn von einem Gott halten, der Dinge geschehen lässt, die man selbst niemals zulassen würde? Und wohin soll man gehen, wenn es bei Gott nicht sicher genug scheint?

Wir werden hier auf der Erde von einem Teufel verfolgt, der pausenlos lügt und ständig unseren Schöpfer schlechtmacht und verklagt. Er versucht uns einzureden, dass Gott ein gemeiner Tyrann ist, der uns erst Hoffnungen macht, und uns dann am ausgestreckten Arm verhungern lässt.

*Es gibt einen Gott, der unseren Schmerz kennt.*

Am Morgen, als es im Haus noch still ist und der Regen einem stetigen, leichten Nieseln gewichen ist, stehe ich auf, setze mich aufs Sofa und stelle Gott Fragen. Ich lese in seinem Wort und versuche herauszufinden, was er mir sagen will. Und dann steht es da:

**Der Herr ist gut zu allen und schließt niemanden von seinem Erbarmen aus, denn er hat allen das Leben gegeben.**
PSALM 145,9

Rein gefühlsmäßig nenne ich lautstark hundert Gründe, warum das unmöglich wahr sein kann. Weil es nämlich Babys gibt, die durch den Zorn ihrer Eltern umkommen, und Kinder, die als Sexsklaven verkauft werden. Es gibt böse Menschen, die andere fertigmachen, und wie viele Menschen rafft der Krebs hinweg! Manche Menschen werden von Wirbelstürmen in die Luft geschleudert, und dann sind da auch noch all die vielen Menschen, die an Hunger zugrunde gehen!

„Gott ist gar nicht gut", zischt die Schlange, obwohl es in Wahrheit die Sünde ist, die diese Welt zugrunde richtet. Und ist nicht genau deshalb Jesus gekommen?

Es gibt einen Gott, der unseren Schmerz kennt. Jesus ist der Retter, der selbst gelitten hat, als er in unsere Welt voller Sünde und Bösem kam. Jesus hat den Kampf und die Qualen des irdischen Lebens auf sich genommen, um die Sünde, den Tod und den Teufel zu besiegen. Wenn Satan schreit, dass Gott nicht gut ist und dass man ihm nicht vertrauen kann, dann brauchen wir nur auf das hölzerne Kreuz zu schauen, durch das Gott allen Menschen seine Liebe bewiesen hat. Gott hat sein Kostbarstes für uns hergegeben, als er uns seinen Sohn schickte. Er möchte uns bei sich haben, wir brauchen also nicht vor ihm davonzulaufen. Der Regen läuft durch die Dachrinnen. Seine Gnade sickert in uns hinein.

*Ihr Menschen, vertraut ihm jederzeit, und schüttet euer Herz bei ihm aus! Gott ist unsere Zuflucht.*
Psalm 62,9

# Wozu die Familie da ist

$\mathcal{W}$enn wir auf die Welt kommen, werden wir alle in eine Familie hineingeboren. Jedenfalls war es ursprünglich so gedacht. Und das ist so, damit wir schon in dem Moment, in dem wir den ersten Atemzug tun, zu etwas dazugehören – zu einer Familie.

Sobald wir also da sind, sind wir drin. Dazu ist die Familie da.

Jeder Mensch hat diese Sehnsucht nach Zugehörigkeit, also gibt Gott uns Menschen, zu denen wir gehören. Nun ist es ja normalerweise so, dass wir uns diese Menschen, zu denen wir gehören, nicht aussuchen können. Sie kennen ja sicher auch den Spruch: „Freunde kann man sich aussuchen, aber die Familie nicht."

Wie wahr! Keine Familie ist perfekt. Wir sind ja alle ein bisschen schräg, und manche Familien sind sogar richtig verrückt, aber wir sind einander nun mal anvertraut worden, und damit gehören wir zum selben Team. Trotzdem hacken wir oft genug aufeinander herum. Die Familie ist der eine Ort, wo wir hinpassen, und zwar nicht durch etwas, das wir tun oder besitzen, sondern einfach, weil wir dazugehören. Wir geben aufeinander acht.

Die Familie ist dazu da, dass ihre Mitglieder einander fördern – das heißt, sich gegenseitig festhalten, einander in der Entwicklung unterstützen, sich gegenseitig zum Lachen bringen und einander Mut zusprechen. Aber wie bereits gesagt, keine Familie ist perfekt. Manchmal sagen wir etwas Falsches oder etwas Gemeines, und manchmal bringen wir uns sogar gegenseitig zum Weinen, und wenn das passiert, dann spielt Vergebung eine Rolle. In einer Familie vergibt man sich gegenseitig, und zwar immer und immer wieder. Das ist so, weil wir zusammenhalten sollen, und das können wir nur, wenn wir Geduld miteinander haben. Manchmal haben wir nur einander, und deshalb ist es so wichtig zu versuchen, die Angelegenheit zu klären, wenn wir uns aneinander reiben, statt auf Abstand zu gehen oder jemanden auszuschließen. Das ist oft gar nicht so einfach, aber wenn wir einander nah bleiben wollen, müssen wir einen langen Atem haben.

Und wenn eine Person in der Familie schwach ist, dann helfen die Stärkeren ihr und bauen sie auf. Und nie, niemals geben sie auf, denn sie wissen, dass jeder irgendwann schwächelt und eine helfende Hand braucht. Deshalb schenkt Gott uns die Familie.

*Familie ist ein Ausblick auf das kommende Reich Gottes.*

Ihre Familie, das sind vielleicht die einzigen Menschen, die auf Sie warten, wenn Sie abends lange weg gewesen sind, oder die für Sie beten, wenn Sie irgendwo in der Ferne sind. Die Familie vergisst nicht, dass es Sie gibt, auch wenn Sie gerade nicht da sind – und sie läuft Ihnen auch dann noch nach, wenn Sie alles tun, um sie zu vergraulen. Und wenn die Familie nicht in Ihrer Nähe sein kann, dann verfolgt sie Sie eben mit ihren Gebeten. So jedenfalls sollte es in Familien sein.

Und irgendwie ist Familie – die Tatsache, dass wir alle zu einer dazugehören – auch ein Ausblick auf das kommende Reich Gottes. Das ist der Ort, an den die Kinder Gottes kommen und nie, nie wieder allein sind. Bis es aber so weit ist, gehen wir weiterhin aufeinander zu, geben uns gegenseitig Halt und passen aufeinander auf. Wir vergeben einander immer wieder und haben einen langen Atem – und das schweißt uns zusammen. Wir sind fest verankert in der Gewissheit, dass wir *dazugehören,* im Sinne von: Ich habe dich und du hast mich. Wir haben einander. Wir gehören zusammen. Darum geht es in der Familie.

*Ihr seid von Gott auserwählt und seine geliebten Kinder, die zu ihm gehören. Darum sollt ihr euch untereinander auch herzlich lieben mit Barmherzigkeit, Güte, Bescheidenheit, Nachsicht und Geduld. Ertragt einander, und seid bereit, einander zu vergeben, selbst wenn ihr glaubt, im Recht zu sein. Denn auch Christus hat euch vergeben.*

Kolosser 3,12-13

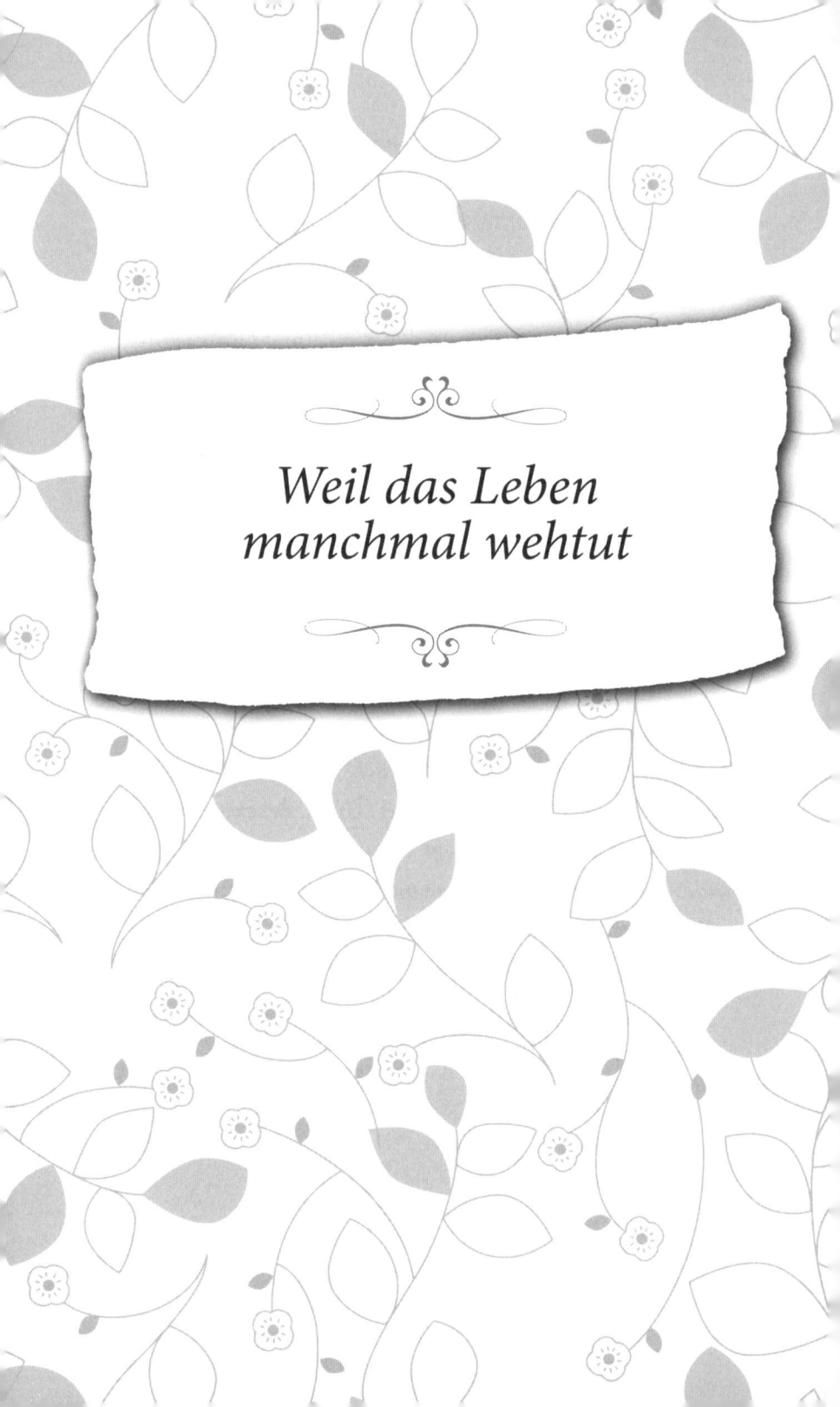

# Weil das Leben
# manchmal wehtut

$\mathcal{I}$m Moment ist das, worunter Samuel leidet, noch nicht so schlimm.

Er stößt sich den Kopf oder hat einen Mückenstich, oder er muss schon ins Bett, wenn alle anderen noch aufbleiben dürfen – ich glaube, das findet er besonders schlimm.

Aber er wird älter, und schon sehr bald wird er schlimmeres und sehr viel tiefgreifenderes Leiden erleben. Ich werde ihm nicht zu sagen brauchen, dass diese Welt kaputt ist, weil er es selbst merken wird. Er wird es als Last empfinden, die ihm immer ein bisschen schwerer auf den Schultern liegt.

Ich wünschte, es wäre anders. Ich wünschte, ich könnte mich für immer zwischen ihn und die Welt stellen und alles Schlimme von ihm fernhalten. Ich wünschte, er würde immer nur Glück erleben. Aber es wird gar nicht mehr lange dauern, und er wird auch Trauer kennenlernen – die Art von Trauer, die einem das Herz schwer macht und bis ins Mark geht. Die Welt ist nicht so, wie sie eigentlich sein sollte. Die harte Realität wird eintreten und ihre hässlichen Spuren auf seiner Seele hinterlassen.

*Gott macht aus Dunkelheit Licht.*

Ich kann ihn zwar nicht ganz und gar schützen und vor Schmerz bewahren, aber ich kann ihm ein paar Dinge vermitteln, die ihm Hoffnung geben. Er muss erfahren, dass es einen gibt, der sich gebrochener Herzen annimmt und Wunden verbindet. Es gibt einen, der in all den Schmerz und das Elend dieser Welt hineingekommen ist und es bis ins Letzte auf sich genommen hat. Es gibt einen, der heilt, einen Retter: Jesus. Folgendes Versprechen gilt:

*Ich bin ganz sicher, dass alles, was wir zurzeit erleiden, nichts ist, verglichen mit der Herrlichkeit, die Gott uns einmal schenken möchte.*

RÖMER 8,18

Also erzähle ich ihm in diesen bangen, wachen Nachtstunden im Dunkeln von der Herrlichkeit, die uns erwartet. Ich sage ihm, dass er das vielleicht jetzt noch nicht versteht, aber dass er eines Tages neue Augen bekommen wird, mit denen er dann die ganze Heilsgeschichte erkennen kann und alle verstreuten Teile zusammenkommen und einen Sinn ergeben. Aus Dunkelheit wird dann Licht. Und es wird der Tag kommen, an dem Rechenschaft abgelegt wird, an dem Gott in Ewigkeit all das Unrecht wiedergutmachen wird, das wir hier für kurze Zeit erleiden müssen. Eines Tages werden all diese *Jahre des Leidens* vorbei sein.

Und wenn mein Sohn nach Antworten sucht, werde ich ihm Lieder der Hoffnung singen – die Lieder der Erlösten. Und der König wird alle Tränen abwischen, und es wird nichts mehr geben, das uns Angst macht. Selbst der Tod wird nicht mehr sein, und alles, was traurig ist und unerträglich, wird ein für alle Mal zu Grabe getragen.

*Ich suche die verloren gegangenen Schafe und bringe alle zurück, die sich von der Herde entfernt haben. Wenn sich eines der Tiere ein Bein bricht, will ich es verbinden, und die kranken pflege ich gesund.*

Hesekiel 34,16

*Eine gewaltige Stimme hörte ich vom Thron her rufen: „Hier wird Gott mitten unter den Menschen sein! Er wird bei ihnen wohnen und sie werden sein Volk sein. Ja, von nun an wird Gott selbst in ihrer Mitte leben. Er wird alle ihre Tränen trocknen und der Tod wird keine Macht mehr haben. Leid, Klage und Schmerzen wird es nie wieder geben; denn was einmal war, ist für immer vorbei.“*

Offenbarung 21,3-4

# Wie man das Leben richtig genießen kann

Nehmen Sie diesen Tag an, diesen herrlichen neuen Tag, an dem Sie wieder aufgewacht sind, und danken Sie dem Gott, der Ihnen jeden einzelnen Tag schenkt. Und dann machen Sie sich bereit für ein Abenteuer, denn egal, wer Sie sind, Sie wissen nicht, was Ihnen dieser Tag bringen wird.

Aber Sie können trotzdem beschließen, jeden einzelnen Moment davon ganz und gar im Hier und Jetzt zu leben und sich dabei völlig bewusst zu sein, dass alles Leben ein einzigartiges Wunder ist. Dadurch werden Sie sich wahrscheinlich ganz und gar lebendig fühlen!

*Alles Leben ist ein einzigartiges Wunder!*

Nehmen Sie alles, was Sie innerlich ängstigt, was Ihnen Sorgen macht oder Sie belastet und herunterzieht, und geben Sie es Ihrem Schöpfer. Und dann atmen Sie ein … und atmen Sie aus … weil Ihr himmlischer Vater groß genug ist und auch freundlich genug, um für Sie zu sorgen.

Zappeln Sie mit den Beinen, werfen Sie den Kopf gaaanz weit in den Nacken und genießen Sie die wilde Fahrt. Und wenn Sie irgendwann ein bisschen Angst bekommen, dann schreien Sie laut um Hilfe!

Ihr Schöpfer ist groß genug, um Sie zu hören – auch hier ganz unten. Und er wird kommen mit Heil unter den Flügeln.

*Euch aber, die ihr meinen Namen fürchtet, soll aufgehen die Sonne der Gerechtigkeit und Heil unter ihren Flügeln.*

MALEACHI 3,20 (LÜ 84)

# Die Jagd nach Schönheit

*J*ch weiß ja nicht, ob es Ihnen auch so geht wie mir und Ihr Leben immer ziemlich im gleichen Trott verläuft. Sie erstellen Ihre To-do-Listen und arbeiten sie ab; Sie scheuern Ihre Fußböden und putzen Ihre Bäder; Sie kaufen ein und bereiten aus den gekauften Dingen Mahlzeiten zu; Sie sortieren Ihre Post und bezahlen die Rechnungen – Sie leben also einfach Ihren normalen Alltag in sehr geregelten Bahnen. Sie arbeiten die anstehenden Aufgaben eine nach der anderen ab, damit Sie auf dem Laufenden bleiben und nicht den Anschluss oder den Überblick verlieren, und bei alldem achten Sie noch darauf, Ihren Wert nicht daran zu messen, was Sie leisten.

Wie gesagt, ich weiß nicht, ob es Ihnen auch so geht, und ob Sie nicht auch manchmal den Eindruck haben, dass Tun viel wichtiger ist als das Sein.

Und ich weiß auch nicht, ob Sie manchmal diese innere Rastlosigkeit erleben, dieses Gefühl, dass es doch mehr geben muss als diesen immer gleichen Trott. Oder dass es Sie in den Fingern juckt, nach Schönheit zu suchen, sie zu finden, ganz lange anzuschauen und irgendwie damit zu verschmelzen.

Mir jedenfalls geht es so. Es gibt diese Augenblicke, da lege ich beispielsweise Wäsche zusammen oder spüle Geschirr oder sitze am Schreibtisch und schreibe E-Mails, und ich halte es einfach nicht mehr aus. Dann muss ich mich auf die Jagd nach Schönheit begeben. Dann muss ich hoch zum Himmel schauen, den Wind im Gesicht spüren und die Erde unter meinen Füßen. Manchmal muss ich einen Spaziergang mit Gott machen und all die Dinge betrachten, die er gemacht hat.

Und wenn ich das tue – wenn ich aufhöre, mir Gedanken übers Machen und Tun und Leisten und Produktivsein zu machen, und wenn ich dann das Geschirrtuch weglege oder den Computer ausschalte und hinausgehe, um all die Schönheit da draußen zu betrachten –, dann fühle ich mich so lebendig! Und obwohl ich mich eigentlich nie würdig genug fühle, mit Gott zu reden, hat er mir einen Weg bereitet, auf dem ich immer zu ihm kommen kann. Also tue ich das auch. Ich rede mit ihm über alles, was ich gerade auf dem Herzen habe, und dann dauert es gar nicht lange, und ich kann tief und ruhig und frei durchatmen.

*Immanuel – Gott ist mit uns!*

Und dann drängt sich mir jedes Mal die Frage auf, ob vielleicht der Schöpfer diesen Hunger nach Schönheit ganz tief in mich hineingelegt hat, damit ich barfuß übers Feld stapfe, um intensiver zu *sehen*.

Ich bete ihn an. Manchmal beim Tun, manchmal aber auch, wenn ich es einfach nur genieße *zu sein*. Wenn ich mit ihm zusammen über ein matschiges Feld gegangen bin und noch ganz erfüllt bin von der unendlichen Weite des Himmels über mir, fällt es mir ein wenig leichter, mich wieder an meine To-do-Liste zu machen. Weil ich dann daran denke, dass der,

der sich Immanuel nennt – das bedeutet *Gott mit uns* – wirklich da ist. Seine Schönheit ist überall um uns herum und verschönert mein düsteres, schmuddeliges Leben.

*Gott ist zwar unsichtbar, doch an seinen Werken, der Schöpfung, haben die Menschen seit jeher seine göttliche Macht und Größe sehen und erfahren können. Sie haben also keine Entschuldigung.*

Römer 1,20

# Was ich vom Winter über das Reich Gottes lerne

$\mathcal{D}$er Winter – diese lange, kalte, schleppende Jahreszeit – ist mein Lehrer. Ein Sturm hat den Schnee vor dem Haus zu so hohen Verwehungen aufgetürmt, dass ich vom Küchenfenster aus nichts als weiße Berge sehen kann. Jemand wie ich, der im Süden geboren und aufgewachsen ist, kann sich da schon mal die Frage stellen, ob es wohl jemals wieder warm wird, ob wohl jemals der Frühling wiederkommt.

Es gibt nämlich diese Phase mitten im tiefsten Winter, in der es keinerlei Anzeichen dafür gibt, dass sich jemals etwas ändern wird, diese Phase, in der es nichts gibt als diese kalte, öde, nicht einladend wirkende Natur. Da draußen im Garten gibt es kein neues Leben. Nur ein einzelner kleiner Kardinal kauert auf dem Zweig einer Fichte und der Wind bläst ihm durchs Brustgefieder. Hoffnungsvoll hockt er da in der Kälte, um ihn herum ist alles hart gefroren.

Nach einer Weile wird es schwer zu warten, aber ich warte trotzdem, weil ich im hintersten Winkel meines Inneren diese Hoffnung habe. Ist Ihnen schon mal aufgefallen, dass in den kältesten Winternächten die Sterne am hellsten funkeln? Ich warte weiter, weil ich weiß, dass es unter all der Kälte, in der tiefen Finsternis der Erde, Leben gibt. Es ruht zwar im

Moment ganz still, aber ich habe das Versprechen, dass der Frühling auf jeden Fall und unweigerlich kommen und sich triumphierend entfalten wird – es ist nur eine Frage der Zeit. Und je länger ich warte, desto größer wird die Vorfreude. Durch diese Winter im Norden des Landes lerne ich viel über das Reich Gottes. Als Töchter und Söhne des Königs leben wir hier auf der Erde noch im Glauben und nicht im Schauen. Die Welt kommt uns schrecklich trostlos vor, und der Wind des Zweifels, des Unglaubens und des Zynismus dringt uns bis ins Mark. Es gibt diese elend langen Phasen, in denen es so gar keine Anzeichen dafür gibt, dass sich etwas ändert oder Änderung auch nur in Sicht wäre. Doch in die fruchtbare Erde unseres Herzens ist der Samen der Ewigkeit gelegt, damit wir gar nicht anders können, als uns nach der Wärme und dem Licht des Reiches zu sehnen, das ganz und gar erfüllt ist vom Sohn.

*Je länger ich warte, desto größer wird die Vorfreude.*

Und hin und wieder blicken wir auf und sehen, dass die Schatten wandern und sich das Licht verändert. Und wenn wir ganz still sind und uns darauf einstellen, dann können wir ihn manchmal hören – den pulsierenden an- und wieder abschwellenden Rhythmus, langsam und stetig wie eine Trommel in der Ferne. Hin und wieder spüren wir, wie das immer weiter anwachsende, anschwellende ewige Leben nur darauf wartet hervorzubrechen – dieses Geheimnis des Bereits und Noch-nicht. Des Bereits-da, aber noch nicht ganz und gar eingetreten.

Denn eines Tages wird die Herrlichkeit Gottes auf jeden Fall auch die finsterste Finsternis durchbrechen. Die Engelchöre werden durch das gesamte Universum erschallen und die Kinder des Königs werden barfuß im Freudentaumel an den warmen Stränden von Gottes ewigem Reich tanzen. Doch vorerst warten wir.

Draußen zirpt der Kardinal, und in mir regt sich etwas, so, als würde ich das Echo einer Melodie aus der Ferne wiedererkennen. Schnee fällt von der Fichte und ich lächle still. Da ist dieses langsame, aber stetige Schmelzen, dieses Auftauen all dessen, was gefroren war und geschlummert hat. Eine neue Phase bricht an. Die Hoffnung auf den Frühling.

*Ihr habt wirklich allen Grund, Gott, dem Vater, voll Freude dafür zu danken, dass ihr einmal mit allen anderen Christen bei ihm sein dürft, in seinem Reich des Lichts. Er hat uns aus der Gewalt der Finsternis befreit und nun leben wir in der neuen Welt seines geliebten Sohnes Jesus Christus.*

KOLOSSER 1,12-13

# Wenn man müde ist
# und Ruhe braucht

*E*r sagt, dass er gar nicht müde ist – und das mit großer Überzeugungskraft, wäre da nicht der Umstand, dass er bei jeder Kleinigkeit anfängt zu weinen, schnell beleidigt ist, schmollt und seine Mama anschreit. Ich sage ihm, dass er seine Mama nicht anschreien soll, aber er schreit noch einmal, und dann sitzt er schluchzend in seinem Hochstuhl, weil er sich selbst auf den Finger gebissen hat.

Am liebsten würde ich zurückschreien, und manchmal tue ich das auch, aber dieses Mal nehme ich ihn ganz fest in den Arm. Denn wenn man selbst geliebt worden ist, lernt man, andere zu lieben – man findet einen Weg, Menschen zu umarmen, die sich sträuben und zetern.

Ich trage den kleinen schluchzenden Kerl auf direktem Weg nach oben in sein Bett, während er mir immer wieder heulend versichert, dass er gar nicht müde ist, wirklich kein bisschen. Aber ich höre nicht auf ihn, weil ich seine Mama bin und weiß, dass kleine Kinder Schlaf brauchen. Es ist fast komisch, wie felsenfest er davon überzeugt ist, dass er auf gar keinen Fall schlafen wird.

> *Gerade diejenigen, die strampeln und schreien, überschüttet er mit seiner unermesslichen Liebe.*

Während er dann doch schläft, denke ich über Ruhe nach. Allerdings über eine andere Art von Ruhe, eine, die nicht durch weiche Decken und gemütliche Kissen entsteht und dadurch, dass man kurz die Augen zu macht. Es ist die Seelen-Ruhe, die von dem Gott kommt, der mich geschaffen hat, dem Gott, der mich kennt und der mich ganz fest im Arm hält, und zwar genau dann, wenn ich innerlich müde und erschöpft bin und es nötig habe, dass mich jemand festhält, wenn ich mich übernommen habe, überanstrengt bin, quengele und kämpfe. Aber wenn ich nur ein bisschen Glauben aufbringen kann, lehne ich mich an ihn an und finde ihn genau dort. Gerade diejenigen, die strampeln und schreien, überschüttet er mit seiner unermesslichen Liebe.

Ich gestehe, dass ich immer wieder überrascht bin, ihn ausgerechnet da zu finden, überrascht, dass er mir immer wieder inmitten meines Chaos Frieden schenkt, mich tröstet und beruhigt. Aber seine Liebe ist überall um mich her, und dadurch komme ich zur Ruhe.

*Er sprach: Mein Angesicht soll vorangehen; ich will dich zur Ruhe leiten.*

2. Mose 33,14 (LÜ 84)

*Meine Seele ist stille zu Gott, der mir hilft. Denn er ist mein Fels, meine Hilfe, mein Schutz, dass ich gewiss nicht fallen werde.*

Psalm 62, 2-3 (LÜ 84)

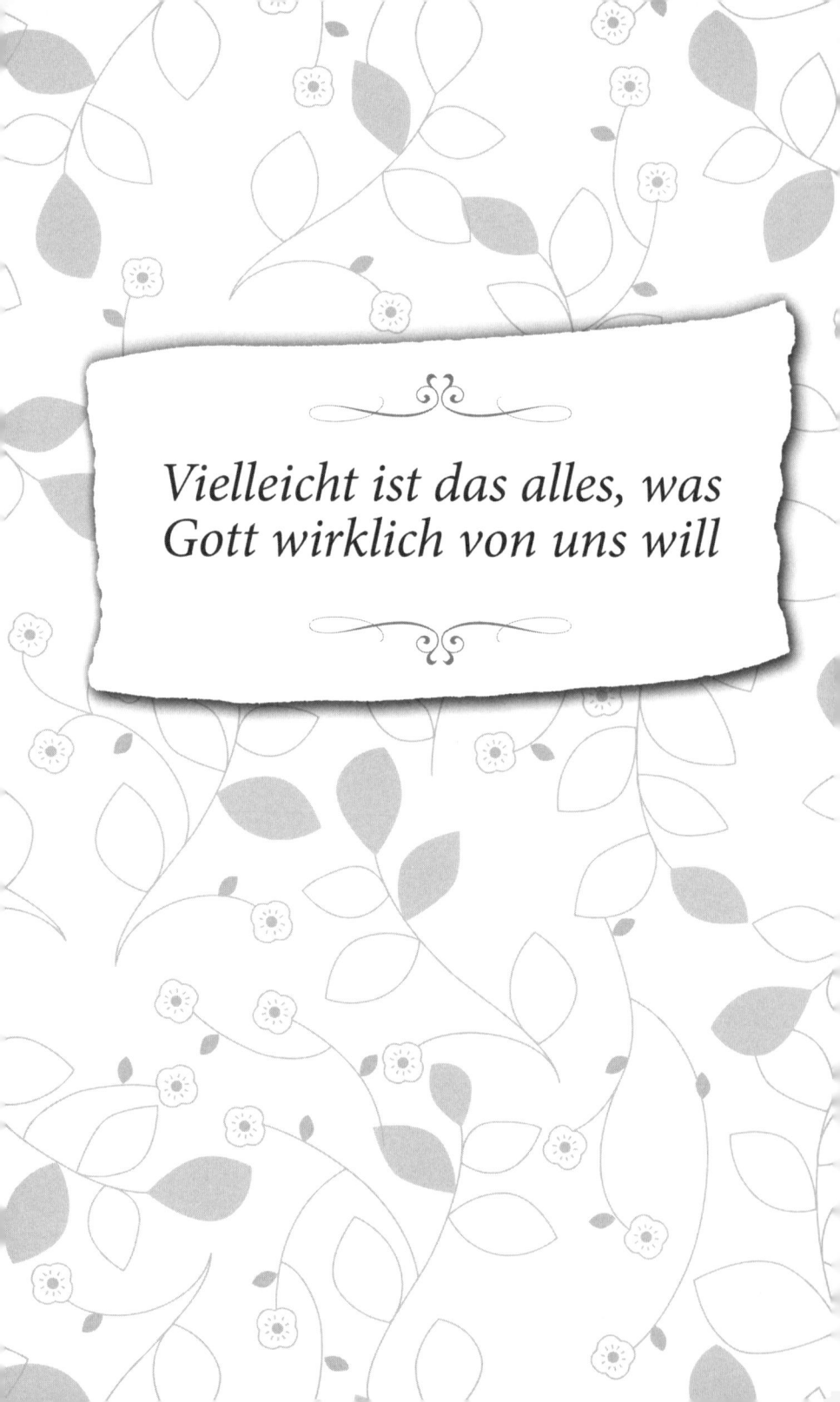

*Vielleicht ist das alles, was Gott wirklich von uns will*

$\mathcal{A}$ls ich eines Morgens in halsbrecherischem Tempo (nicht wirklich) auf dem Laufband walkte, und dabei hinaus auf den leise fallenden Schnee schaute, rief ich Gott laut zu: „Wir haben's geschafft, ich bin auf dem Laufband! WIR HABEN ES GESCHAFFT!"

Und dann brach ich dort auf dem Laufband in Tränen aus. Ich kann froh sein, dass ich dabei nicht heruntergepurzelt bin. Ich weinte, weil mir in diesem einen Moment des Jubels etwas Großartiges bewusst wurde: Ich hatte Gott gebeten, mir die Motivation zum Sporttreiben zu schenken, und es hatte geklappt. Und jetzt hatte ich das Gefühl, dass wir es wirklich gemeinsam geschafft hatten. Nie im Leben hätte ich es auf dieses Ding geschafft, wenn er meine lahme kleine Bitte nicht erhört hätte. Ich hasse nämlich Laufbänder. Ich hasse Sport – und ich liebe Cookies.

Und dann fiel mir auf, dass Gott schon so viel an mir getan hat. Wie beispielsweise diese ganze Sache mit dem Muttersein oder wie man überhaupt sein Leben lebt. Haben Sie eine Ahnung, wie oft am Tag ich ihn um Hilfe bitte? Um Gnade? Um Kraft, Weisheit und Freude? Und hin und wieder blicke ich auf und merke plötzlich, dass er mir die ganze Zeit geholfen hat, dass er die ganze Zeit an meiner Seite gewesen ist. So treu ist er.

Nun finden Sie es vielleicht etwas merkwürdig, dass ich behaupte, der Gott des ganzen Universums täte ganz konkrete Dinge für mich – aber genau so ist es. Wir brauchen nicht darauf zu warten, mit Gott zusammen zu sein, bis wir im Himmel sind. Wir können schon hier mit ihm leben.

Unser Schöpfer lässt sich nicht auf den Sonntag beschränken, und er lässt sich auch nicht in eine Kiste stecken und erst einmal beiseitestellen, bis wir gut genug sind oder unser Leben wenigstens einigermaßen auf die Reihe bekommen. Er möchte mitten in unserem ganz und gar profanen Alltag sein, und er hat sogar einen Anspruch darauf, die Eigentumsgrenzen zu übertreten, die wir um unsere Zeit und unser Herz ziehen.

Denn schließlich hat Gott uns gemacht und auch die Erde, auf der wir leben. Er ist der Mittelpunkt von allem, der alles durch seine Macht zusammenhält. Und trotzdem sind ihm unsere Bedürfnisse nicht egal, und er hat auch keine Angst, dass wir ihn durch unser chaotisches Inneres irgendwie besudeln und entweihen könnten. Jesus hat nicht den Saum seines Gewandes zusammengerafft und ist auf Zehenspitzen um den Unrat und Dreck herumgegangen. Nein, er hat sich die Kleider und seine Füße schmutzig gemacht, ist auf die Unreinen zugegangen und hat sie berührt.

Als Jesus wieder in den Himmel zurückgekehrt ist, hat er uns seinen Geist geschickt, damit wir alles, was wir tun, gemeinsam *mit ihm* tun. Kann es da etwas geben, das zu niedrig wäre, dass er uns helfen würde, oder zu profan, dass er dabei nicht bei uns wäre?

Als ich gerade dabei bin, Geschirr zu spülen, kommt meine Kleine und will mir „helfen". Mit entschlossenem Blick und Feuereifer schiebt sie den sperrigen Stuhl heran. Ich werde schnell ungeduldig, weil jetzt alles viel langsamer geht, als wenn ich es allein mache, denn sie reicht mir nur ganz langsam ein Stück Geschirr nach dem anderen, und außerdem steht der Stuhl, den sie an die Spüle gezogen hat, mitten im Weg.

*Dieser Gott, der das gesamte Universum geschaffen hat, ist nicht fern.*

Aber ich habe meinen Schöpfer gebeten, mir zu helfen, sie lieb zu haben, also ist er sogar an einer Spüle voller schmutziger Teller mit dabei. Ich höre seine Stimme sagen: *Maggie, es ist in Ordnung, langsamer zu machen. Sie ist wichtiger als das Geschirr. Hilf ihr doch, diese Hilfsbereitschaft, die sie von Natur aus hat, weiterzuentwickeln. Ich möchte, dass sie irgendwann einmal der Welt hilft, und das fängt hier zu Hause in der Küche am Spülbecken an.*

Ich frage mich, ob das nicht im Grunde alles ist, was Gott von uns will – dass wir unser Leben wirklich ganz und gar mit ihm leben. Dieser Gott, der das gesamte Universum geschaffen hat, ist nicht fern. Wenn wir ihn besonders viel und intensiv gebeten haben, bei uns zu sein, merken wir manchmal, dass er schon die ganze Zeit an unserer Seite gewesen ist. Und deshalb rufen wir dann: „Wir schaffen es. Wir schaffen das zusammen, Gott!" Vielleicht ist das das Schönste, was ein Mensch empfinden kann. Mit ihm zusammen zu leben.

*Dann werde ich den Vater bitten, dass er euch an meiner Stelle einen Helfer gibt, der für immer bei euch bleibt. Dies ist der Geist der Wahrheit. Die Welt kann ihn nicht aufnehmen, denn sie ist blind für ihn und erkennt ihn deshalb nicht. Aber ihr kennt ihn, denn er wird bei euch bleiben und in euch leben.*

Johannes 14,16-17

*Mutig*

$\mathcal{A}$m Weihnachtsabend ist der Himmel bei Sonnenuntergang blutrot. Ich renne zur Haustür hinaus in die Kälte, um das Schauspiel zu betrachten, und bin davon so gebannt, dass ich zittere. Meine Ohren, meine Nase und meine Finger brennen von dem kalten Wind, aber das hier muss ich mir unbedingt anschauen, denn einen so blutroten Himmel gibt es bei uns nur ganz selten, und wenn es geschieht, dann meist nur ganz kurz, und schon sind die Farben wieder weg, und es ist stockdunkel. Man kann dieses fantastische Schauspiel verpassen, wenn man nicht stehen bleibt, um es sich anzuschauen.

Ich finde es interessant, dass ausgerechnet zu Weihnachten der Himmel so in Flammen steht. An diesem Tag, an dem diejenigen, die Jesus nachfolgen, innehalten und sich wieder ganz neu in Erinnerung rufen, dass er zu uns auf die Welt gekommen ist, um mitten unter uns zu leben.

Jedes Jahr lesen wir die Weihnachtsgeschichte und singen die bekannten alten Lieder darüber, wie er so klein und schwach zu uns kam, in Windeln gewickelt, in einem Stall. Und wir denken daran, weshalb er überhaupt gekommen ist. Wie er den Weg ans Kreuz gegangen ist, wo die Glut seiner

Liebe aus ihm herausblutete, damit unsere Seele von der Sünde errettet wird. Und wenn ich jetzt dieses flammendrote Abendrot sehe, kann ich nicht anders, als mir vorzustellen, dass im Himmel rotes Blut fließt.

Ein paar Tage vergehen. Ich denke an das neue Jahr und frage mich gespannt und auch mit Vorfreude, welche Abenteuer oder Herausforderungen es wohl für mich bereithält. Und ich glaube, ich möchte mein neues Jahr unter das Motto „mutig" stellen. Mutig, weil ich das so gar nicht bin – jedenfalls meistens nicht. Zum Beispiel, wenn ich die Nachrichten einschalte oder wenn ich an meine Kleinen denke und an die Welt, in der sie groß werden. Ich bin auch nicht mutig, wenn ich unser Land anschaue und an die hohen Schulden denke und an all das Chaos, das wir anrichten.

> *Kann ein Gott, der Anfang und Ende kennt, mich mutig machen?*

Und oft bekommt mein kleines Herz Angst vor dem, was es nicht sehen kann, vor dem Unbekannten. Und dann frage ich mich: Kann ein Gott, der keine Angst hat, der nie Angst hat, der Anfang und Ende kennt, der diesen Himmel und die Bäume dort gemacht hat, der Gott, der *mich* geschaffen hat – kann der mich mutig machen? Denn das wünsche ich mir zum Übergang in das neue Jahr. Ich möchte mutig sein.

Und eigentlich könnte ich es mir doch leisten, mutig zu sein, wenn ich bedenke, wie kurz und vergänglich unser Leben hier auf der Erde ist. Und ich könnte diesen neuen Weg furchtlos gehen, wenn ich daran denke, dass Gott der Größte ist! Er ist der Stärkste! Er ist immer bei mir! Wieso bekomme ich vor Panik Herzrasen, wo ich doch weiß, dass er immer und ewig da ist und dass er am Ende der Sieger ist?

Also werde ich mir ein paar Wahrheiten vor Augen führen.

*Fürchte dich nicht, denn ich bin bei dir; hab keine Angst, denn ich bin dein Gott! Ich mache dich stark, ich helfe dir, mit meiner siegreichen Hand beschütze ich dich!*

JESAJA 41,10

*Ladet alle eure Sorgen bei Gott ab, denn er sorgt für euch.*

1. PETRUS 5,7

*Gott ist unsere Zuflucht und Stärke, ein bewährter Helfer in Zeiten der Not.*

PSALM 46,2

Und dann trete ich vor, mit dem mutigen Glauben an das Herz eines guten Gottes, obwohl ich noch nichts sehe und vielleicht auch nicht verstehe. Gott wirkt durch alles und nichts geschieht bei ihm umsonst. Dieser Gott, der selbst geblutet hat, kann ein verängstigtes Menschenkind mutig machen.

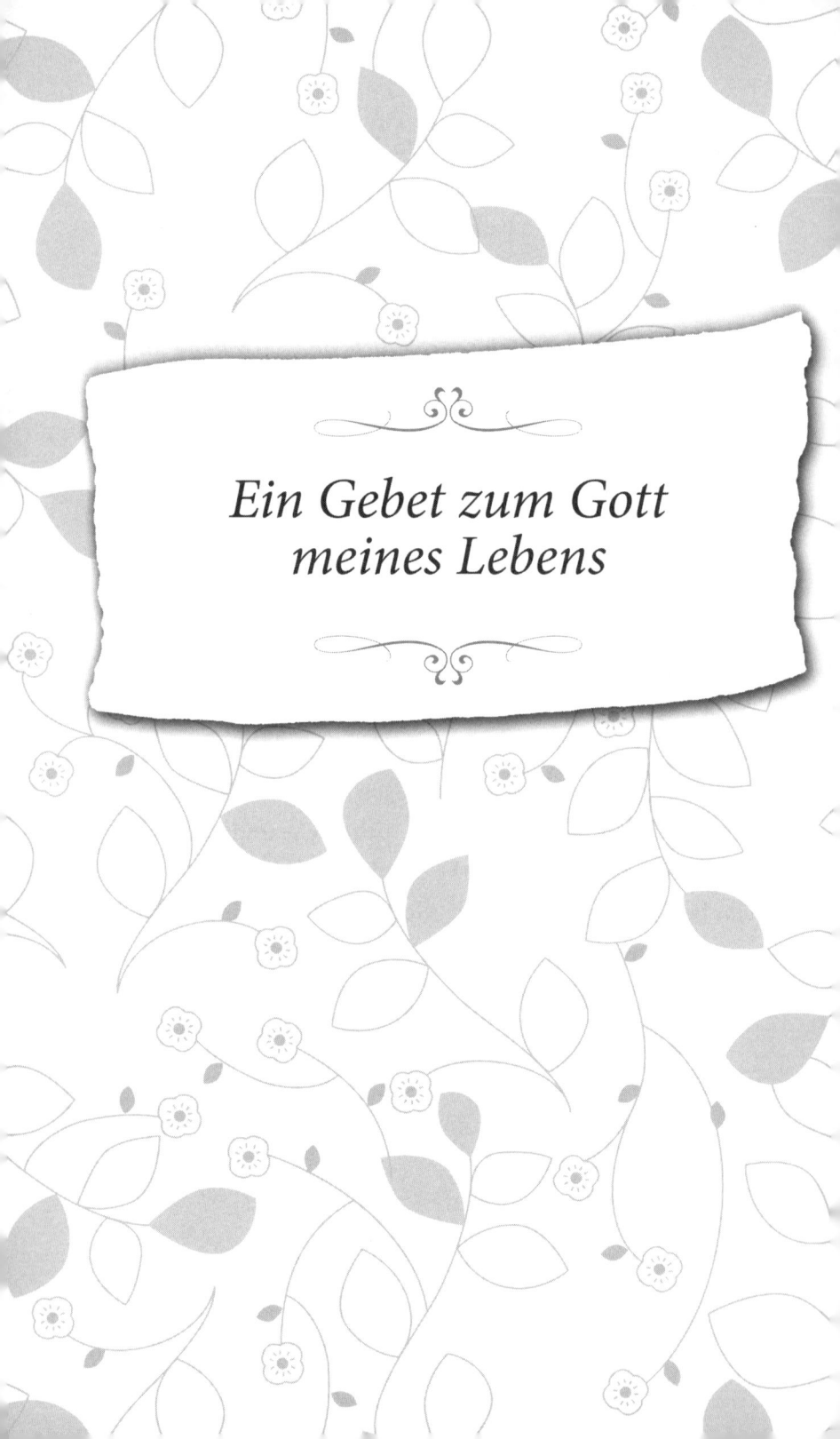

# Ein Gebet zum Gott
# meines Lebens

ch bin hier im Schattenland unterwegs, diesem Tal, das eingeklemmt ist zwischen Ungewissheit und Unwägbarkeiten. Herr, du musst mir die Augen öffnen, die Augen meines Herzens, mit denen ich durch dieses Leben wie durch eine trübe Scheibe in eine andere Sphäre schaue. Ich brauche Augen, um deine Herrlichkeit zu sehen, die Art, wie du dein Reich in diese Welt hineinleuchten lässt.

Einen Großteil meines Lebens laufe ich blind herum, merke gar nicht, wenn du dich zeigst, und bin taub für die leisen Töne deiner Stimme. Für diese Melodie, die ständig erklingt und sagt, dass es dich gibt, und dass du diejenigen belohnst, die nach dir suchen und dich in all den Trümmern hier finden wollen.

Herr, wenn du mir nicht die Augen öffnest, wie soll ich dann sehen? Wie soll ich dann den roten Faden der Erlösung erkennen, der sich durch alle meine Tage zieht? Diese Schnur der Gnade, von der alles zusammengehalten wird? Das rote Seil, das sogar der Sünderin in Jericho angeboten wurde?

Und würdest du mir bitte meine innere Härte nehmen, Herr? Diesen Unglauben und

> *Herr, öffne du meine Augen für deine Herrlichkeit!*

die Zweifel? Diesen unseligen Hang, darauf zu bestehen, dass es so gemacht wird, wie ich es will, oder gar nicht? Diese völlig aberwitzige Vorstellung, dass ich tatsächlich alles unter Kontrolle bekommen kann, wenn ich nur die Fäuste ein bisschen fester balle?

Ich muss dich hier *spüren*. Die Wärme deines Atems in meinem Gesicht. Deinen Herzschlag, der den Rhythmus der gesamten Schöpfung aufrechterhält – deine Liebe hört niemals auf. Es ist die treue Art von Liebe, die bis zum Ende durchhält, obwohl sie weiß, dass kein Ende in Sicht ist.

Ich muss *wissen*, dass du hier bist. Ich muss deine Sprache lernen, muss mich auf dein Herz verlassen können, wenn ich deinen Weg nicht verstehe. Wir erleiden hier Unrecht, und das verwirrt mich. Ich muss ganz tief in meinem Inneren wissen, dass du gut bist, dass du *immer* gut bist und dass du immer gut *zu mir* bist.

Herr, noch sehe ich nur undeutlich, was kommen wird. Bewahre mich bitte vor der zweifelnden Haltung, dass es nichts anderes gibt als dieses Schattental, durch das ich gerade gehe, dass dieses vergängliche Leben wertlos und unbedeutend ist und danach nichts mehr kommt.

Lass bitte dein ewiges Licht weiterhin jeden Tag, jeden ganz normalen Augenblick, in mein Leben hineinleuchten und meine Dunkelheit durchdringen, sodass mein Weg immer heller wird wie die Sonne, bis zu dem Tag, an dem alles vollkommen sein wird. Bis zu dem nie mehr endenden Tag, an dem ich endlich aufwache und das große ICH BIN in seiner ganzen Herrlichkeit von Angesicht zu Angesicht sehe.

*Ich liebe, die mich lieben, und die mich suchen, finden mich.*

SPRÜCHE 8,17 (LÜ 84)

*Es ist aber der Glaube eine feste Zuversicht auf das, was man hofft, und ein Nichtzweifeln an dem, was man nicht sieht.*

HEBRÄER 11,1 (LÜ 84)

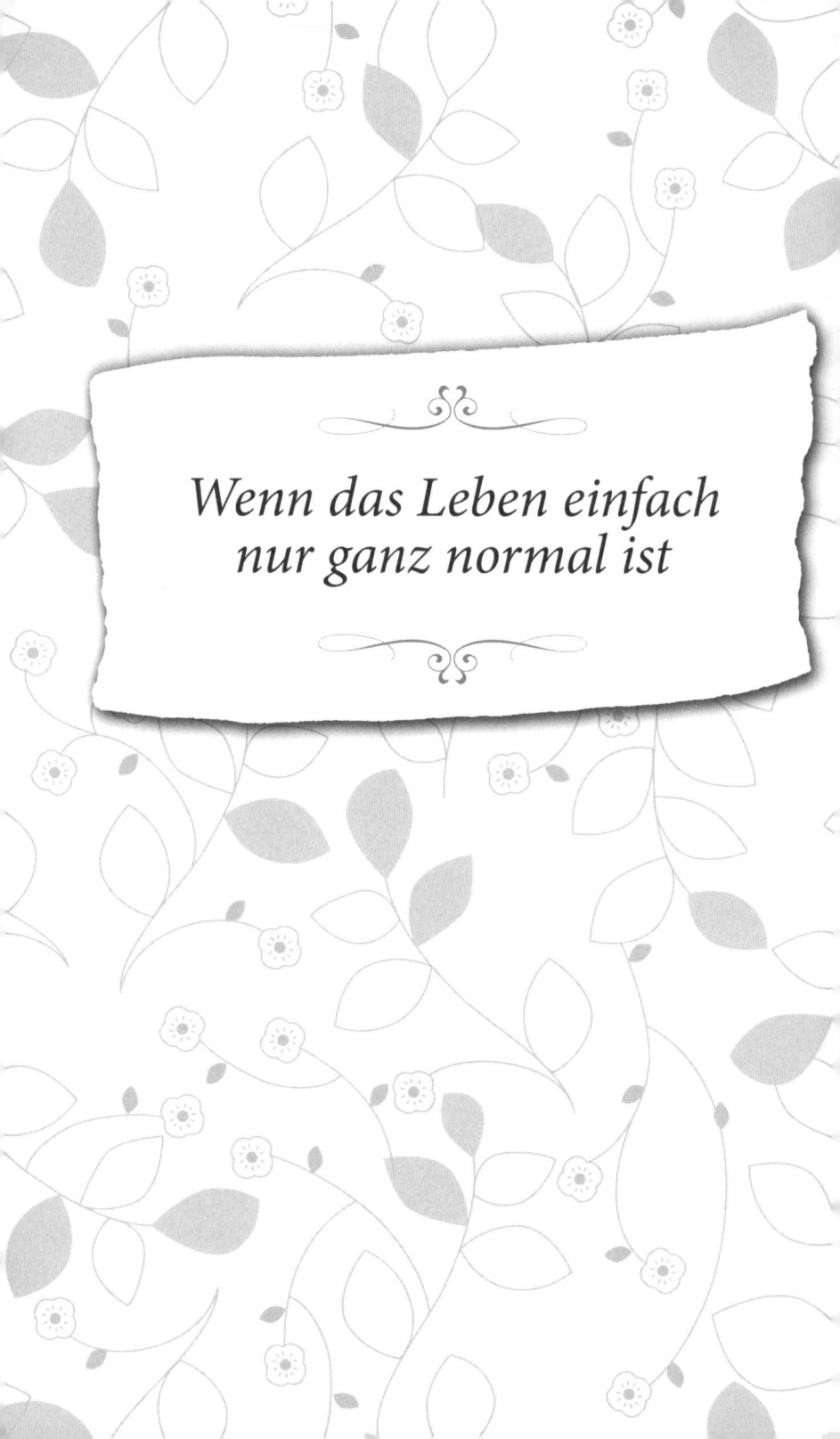

*Wenn das Leben einfach
nur ganz normal ist*

$\mathcal{D}$ie Sonne scheint und wärmt mein Gesicht im Märzwind. Osterglocken nicken mit den Köpfen.

Hope rutscht ihre kleine, orangefarbene Rutsche hinunter und landet auf dem Po. Blinzelnd und mit wehendem Haar trotzt sie dem Wind und erklimmt ein weiteres Mal die Rutsche.

Gideon sitzt barfuß in der Sandkiste im kühlen Sand und buddelt. Mit dem kleinen Mund macht er das Motorengeräusch der Spielzeuglastwagen nach, die hohe Sandberge aufhäufen und sie dann wieder platt fahren.

Samuel liegt auf einer Liege im Gras und greift nach seinen Zehen. Dann dreht er sich um und streckt seine kleine Hand aus, so weit er kann, um an ein Büschel zarter Narzissen heranzukommen.

Vögel singen, Bienen summen, die Erde dreht sich in immer gleicher Geschwindigkeit auf ihrem Kurs um die Sonne. Und während das alles geschieht, ist Gott die ganze Zeit da.

Während ich sitze und lese. Oder während ich mich frage, ob wir einen Zaun um unseren Garten herumziehen sollen, und wo genau wir einen Gemüsegarten anlegen sollten, und wie wir die lästigen Spechte loswerden, die Löcher in die Holzverkleidung unseres Hauses klopfen.

Hope steckt auf der Rutsche fest und weint, Gideon ruft, dass ich hinschauen soll, wie seine Lastwagen arbeiten, und dann weht ein Sandeimer auf die Straße.

Ja, es gibt Gott. Er ist wirklich da. Und ich sitze wie verzaubert da und atme den Frühling ein.

Ich lege Wäsche zusammen, sammle verstreutes Spielzeug ein und frage mich, wie ich für mehr Ordnung sorgen kann.

Ich rufe Brent bei der Arbeit an und frage ihn, wann er zum Mittagessen nach Hause kommt.

*Es gibt Gott. Er ist wirklich da.*

Es gibt Gott. Er ist wirklich da.

Ich füttere den Goldfisch.

Und manchmal kommt es mir seltsam vor. Nicht, dass es Gott gibt, sondern, dass es Gott gibt und mein Tag ausgefüllt ist mit solchen ganz normalen Dingen. Weil es Gott gibt – den Gott, der gesagt hat, es werde Licht und es wurde Licht, und der uns Menschenkinder aus dem Staub der Erde geformt hat, einen Gott, der immer ist und immer war, der sich zu uns herabgeneigt und uns Atem eingehaucht hat – sollten wir da nicht mehr und Größeres und Wichtigeres tun?

Ich spüle einen Kindertrinkbecher aus.

Aber Folgendes gilt:

**Was immer ihr tut, was ihr auch esst oder trinkt, alles soll zur Ehre Gottes geschehen.**

1. Korinther 10,31

Und auch Folgendes:

*Seid stille und erkennet, dass ich Gott bin.*

PSALM 46,11 (LÜ 84)

Und als Gott mich geschaffen hat, hat er da nicht schon gewusst, dass ein Großteil meines Lebens aus Essen, Trinken, Schlafen und Putzen bestehen würde? Und sollte die Tatsache, dass es ihn wirklich gibt, nicht die Art ändern, wie ich mit meinem Essen und Trinken und all meinen alltäglichen Beschäftigungen umgehe – mit meinem ganz normalen Alltag eben?

Und weil die Engel im Himmel, diese strahlenden Wesen, die nie daran zweifeln, dass er *ist*, ihn immer und ohne Unterlass anbeten, sollte ich da nicht dasselbe tun? Auch wenn ich in der Küche an der Spüle stehe oder mitten bei der Wäsche bin, wenn ich andere halte und wenn ich selbst gehalten werde?

Und sollte ich nicht auch bei aller Hektik um mich herum innerlich ganz ruhig und still werden und ehrfürchtig vor ihm, einfach, weil es ihn gibt?

Es gibt Gott.

Gibt es überhaupt so etwas wie das ganz Alltägliche?

Sich im Gleichmaß, manchmal sogar in der Eintönigkeit des Lebens, bewusst zu werden, dass er da ist – das ändert alles.

*Denn Gott hat nur an den Menschen Gefallen, die ihm fest vertrauen. Ohne Glauben ist das unmöglich. Wer nämlich zu Gott kommen will, muss darauf vertrauen, dass es ihn gibt und dass er alle belohnen wird, die ihn suchen.*

HEBRÄER 11,6

# *Fester Boden*

*H*eute ziehen Sturmwolken über den Himmel. Wenn ich aus dem Fenster schaue, sehe ich nicht wie sonst die unendliche Weite des Himmels, und auch in meinem Inneren ist es eher stürmisch. Schatten bewegen sich über den Rasen und meine Gefühle sind wechselhaft.

Die Welt besteht aus so vielen veränderlichen Dingen. Menschen ziehen weg, Regierungen wechseln und sogar die Erde selbst bewegt sich und bebt. Manchmal machen mich all diese Veränderungen und die vielen unbekannten Faktoren ganz schwindelig und ich fühle mich unsicher. Es gibt diese erschreckenden Momente, in denen mir klar wird, dass ich einfach nicht alles schaffe, so sehr ich mich auch bemühe. Ich bin klein und zu schwach. Das Leben fühlt sich zu unsicher an. Ich weine.

Ich weine, weil ich überempfindlich bin und irgendwie durcheinander. Ich weine, weil einem Menschen, den ich lieb habe, der Boden unter den Füßen weggezogen wurde, und dieser Mensch sich jetzt so anstrengen muss, wieder auf die Beine zu kommen. Ich weine, weil die Welt sich weiterdreht und manchmal bebt und wir nur kleine Menschen sind. Es macht Angst, keine Kontrolle zu haben.

Wenn die Schatten länger werden, der Himmel grau ist, Donner grollt und meine ganze Welt erschüttert ist, dann brauche ich positive Aussagen, unumstößliche Wahrheiten, die verhindern, dass meine Seele ins Straucheln gerät. Also mache ich mich auf die Suche nach Trost und finde ihn. Oder sollte ich besser sagen, ich finde *Ihn.* Es gibt einen Gott, der tröstet, und eine Wahrheit, die dafür sorgt, dass ich fest verankert bin. Ich bin hier nicht alleingelassen und unter meinen schwankenden Füßen befindet sich sicherer Boden.

Gott ist ein fester Grund, ein unerschütterlicher Fels. Also klammere ich mich an ihn und komme dadurch zur Ruhe. Ich baue mein Leben auf ihn und bin sicher, weil er die einzige Sicherheit ist. Ich brauche einen Platz, auf den ich meine Füße stellen kann, eine Stelle, die nicht weggespült wird, wenn der Regen kommt, eine Stelle, die auch dann nicht nachgibt, wenn sich die Erde unter mir auftut. Alles andere schwankt und fließt, aber er nicht. Er ist derselbe gestern und heute und in Ewigkeit.

*Ich brauche eine Stelle, die nicht weggespült wird, wenn der Regen kommt.*

Also komme ich auch heute wieder zu ihm und baue auf ihn. Mein ganzes Leben – lege es vor ihn hin – gebe ihm alles, was ich habe und bin. Das ist mein Trost in einer Welt, die schwankt: Der ewig Treue ist und bleibt bei mir. Also ruhe ich in ihm, dem festen Grund. Er ist der feste Grund.

*Ich liebe dich, Herr! Du bist meine Kraft! Der Herr ist mein Fels, meine Festung und mein Erretter, mein Gott, meine Zuflucht, mein sicherer Ort. Er ist mein Schild, mein starker Helfer, meine Burg auf unbezwingbarer Höhe.*

PSALM 18,2-3


*Wer meine Worte hört und danach handelt, der ist klug. Man kann ihn mit einem Mann vergleichen, der sein Haus auf felsigen Grund baut. Wenn ein Wolkenbruch niedergeht, das Hochwasser steigt und der Sturm am Haus rüttelt, wird es trotzdem nicht einstürzen, weil es auf Felsengrund gebaut ist.*

MATTHÄUS 7,24-25

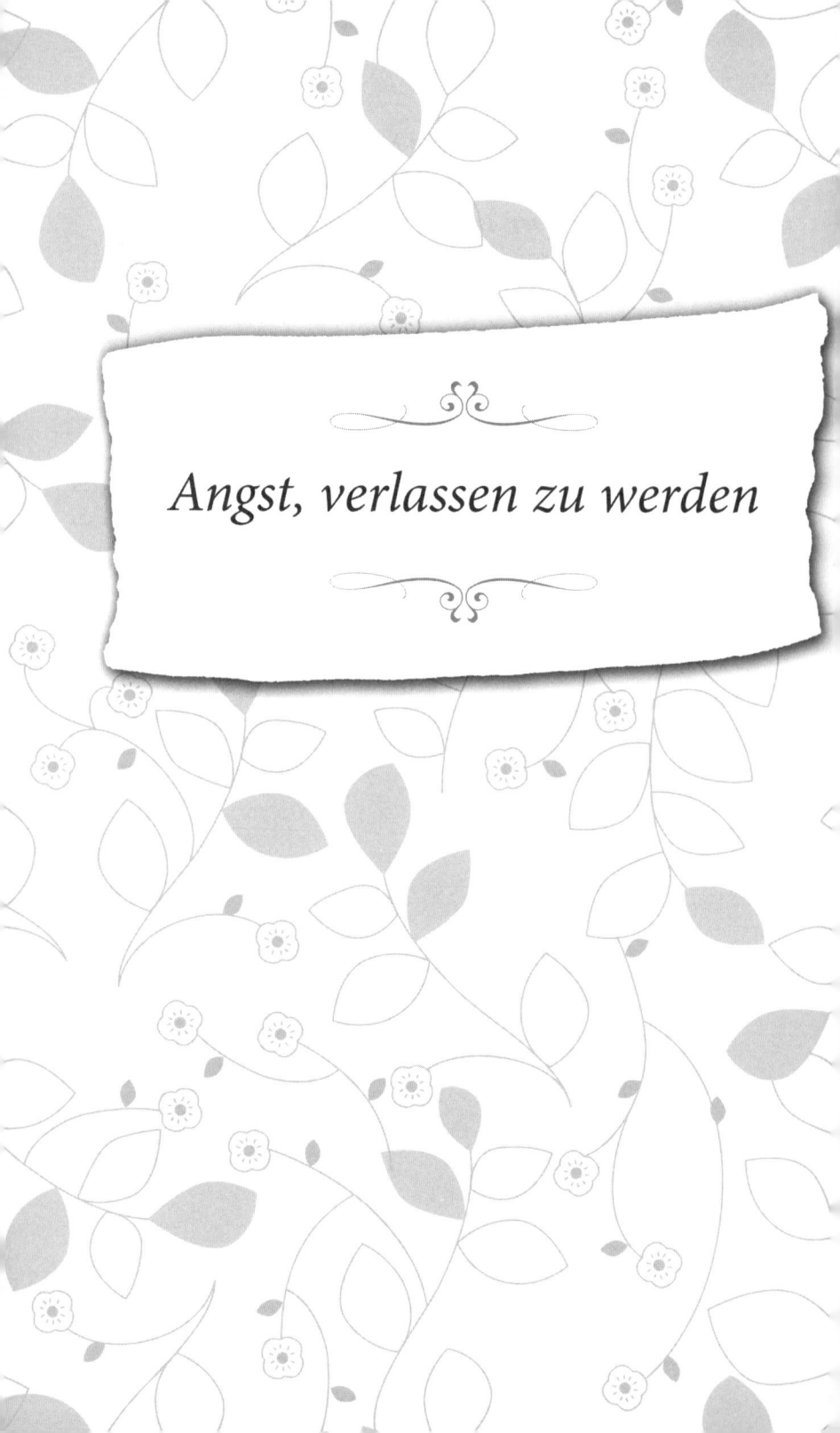

# Angst, verlassen zu werden

*I*ch habe scheinbar jeden Tag mit irgendeiner Angst zu kämpfen. In letzter Zeit bringe ich all diese Ängste zu Gott und stelle ihm Fragen dazu. Und ab und zu kommt mir eine Antwort zugeflogen. Sein Geist ist wie eine Nadel, die in mein Chaos sticht, und seine Liebe ist der Faden, mit dem er meine Wunden schließt.

Erst gestern habe ich Gott von meiner größten Angst erzählt – der Angst, dass er mich eines Tages verlassen könnte. Ich habe ihm einfach die Wahrheit gesagt, nämlich, dass ich, obwohl ich glaube, dass er bei mir ist, diese tief sitzende Angst habe, er könnte mich vielleicht ausgerechnet in meinem finstersten Moment im Stich lassen. Es gibt diese „Was-passiert-wenn-Fragen", die mich wie eine Plage verfolgen. Was passiert, wenn er sich genau in dem Moment von mir abwendet, wenn ich ihn am dringendsten brauche? Was passiert, wenn er mich ohne Licht und ohne Hoffnung allein lässt?

Manchmal ist mein Glaube nicht einmal so groß wie ein Senfkorn.

Aber ich habe auch diese Angst zu Gott gebracht und ihn um Hilfe gebeten. Und wissen Sie, was passiert ist? Er hat darauf reagiert, und zwar auf eine ganz seltsame Weise, nämlich in Form von ganz lebendigen Kindheitserinnerungen.

Ich muss etwa drei oder vier Jahre alt gewesen sein, jedenfalls noch ziemlich klein. Ich stand im Gras und schaute die asphaltierte Straße hinunter. Meine leibliche Mama war weg. Das passierte nicht zum ersten Mal, aber dieses Mal hatte sie mich im Haus von Verwandten zurückgelassen. Also schaute ich die ganze Zeit auf die Straße und wartete, und mein kleines Herz sehnte sich so sehr danach, sie um die Ecke biegen und wiederkommen zu sehen. Mit dem Gefühl einer tiefen Leere ging ich jeden Tag zu meiner Tante und fragte sie, ob meine Mama *heute* wiederkäme, aber jedes Mal schüttelte sie den Kopf. Also wartete ich weiter. Die Augen fest auf die Biegung in der Straße gerichtet, weil Mama ganz bestimmt schon unterwegs zu mir war. Ich gab die Hoffnung nicht auf.

> *Manchmal ist mein Glaube nicht einmal so groß wie ein Senfkorn.*

Und dann kam noch eine Erinnerung: Dieses Mal saß ich in einem Büro. Zwei Sozialarbeiterinnen sprachen darüber, dass meine Mutter wieder einmal einfach verschwunden war. Mit gedämpfter Stimme redeten sie über die Probleme meiner Mutter, und ich tat so, als hörte ich es nicht. Immer wieder schauten sie aus dem Augenwinkel zu mir hinüber in die Ecke, wo ich auf dem Teppich spielte und mich allein und verloren fühlte.

Diese Bilder kamen mir jetzt in den Sinn, aber das hatte ich schon öfter erlebt. Doch dieses Mal sah ich alles ein wenig anders als sonst. Ich weiß nicht, warum es so war oder wie es dazu kam, aber plötzlich fragte ich mich: „Ob ich heute wohl auch da wäre, wo ich bin, wenn meine Mutter nicht fortgegangen wäre?" Ich weiß, dass es vielleicht seltsam klingt, aber gestern konnte ich ganz kurz erkennen – dass in all dieses Verlassenwerden Jesus hineingekommen ist.

Ich mache mich wieder neu mit ihm vertraut – mit dem Gott, der sagt, dass er mich nie verlassen wird. Mit dem einen, der verspricht, dass er bis ans Ende der Zeit bei mir bleibt (Matthäus 28,20). Er ist bei mir, wenn es hell ist und auch im Dunkeln. Er ist die Hilfe, die da ist, wenn ich unruhig bin und Kummer habe. Mein Glaube an den Gott, der nicht verlässt, nimmt zu.

*Wenn Vater und Mutter mich verstoßen, nimmst du, Herr, mich doch auf.*

PSALM 27,10

# Das Wichtigste

$\mathcal{A}$m meisten interessiert sich Gott für mein Herz, also für den Teil meines Inneren, der mein Wesen, meine Persönlichkeit ausmacht. Es geht Gott nicht in erster Linie darum, *was ich tue,* sondern *wer* bzw. *wie ich bin,* um meine eigentliche, meine wirkliche Persönlichkeit.

Aber manchmal vergesse ich das und denke, es geht ihm hauptsächlich darum, was ich alles tue und leiste. Dann raffe ich alle Kraft zusammen, die ich habe, und tue das, wovon ich glaube, dass ich es tun *sollte.* Und ich strenge mich richtig an, damit ich auch ganz bestimmt genug leiste. Und dann kontrolliere ich meine To-Do-Liste und schaue in den Spiegel, um festzustellen, ob ich auch alle Erwartungen erfüllt habe. Und wenn ich es gut gemacht habe, dann bin ich stolz und ein bisschen aufgeplustert, aber wenn ich versagt habe, dann lasse ich den Kopf hängen, bin deprimiert und blase Trübsal. Und dabei habe ich die ganze Zeit eines nicht kapiert: Es geht Gott nicht um das, was ich tue, sondern um mein Herz.

Weil letztlich *alles* aus meinem Herzen kommt – alle Themen meines Lebens (Sprüche 4,23). Das ist der Grund, weshalb mein Herz, also mein Innerstes, so wichtig ist. Dort beginnt nämlich mein Leben.

Und weil mein Herz, mein Innerstes, von so entscheidender Bedeutung ist, muss ich es immer wieder prüfen. Ich stelle mir selbst die Frage, was Jesus sich wohl von meinem Herzen wünscht, und komme immer wieder zu dem Ergebnis, dass es nur eines ist. Er will mein Herz, und zwar ganz. Das ist alles. Keine große Sache. Nur mein ganzes, mein gesamtes, echtes Selbst. Meine ganze Persönlichkeit. Und das ist ja letztlich auch alles, was ich habe und bin.

*Es geht Gott nicht um das, was ich tue, sondern um mein Herz.*

Und weil er mich ja geschaffen hat, hat er ein Anrecht auf mich. Ich gehöre dem einen, der sein Leben für meines hingegeben hat, der mich mit seinem Blut erkauft hat. Nicht, damit er wie ein Diktator über mich herrschen kann, sondern damit er mich mit seinem lebensspendenden Geist ausfüllen und behutsam mit seiner allumfassenden Liebe umwerben kann.

Und weil ich ihn kennengelernt habe und weiß, dass er wirklich gut ist und immer auf meiner Seite, möchte ich ihm auch mein Herz geben – mein ganzes, vollständiges Selbst, und das tue ich dann auch. Auch wenn ich es immer und immer wieder tun muss, weil in mir etwas ist, das es sich jedes Mal wieder zurückholen möchte. Ich glaube, dass das zum Teil Angst ist, zum Teil der heftige Wunsch nach Kontrolle, und teilweise sind es auch Zweifel und Unglaube. Denn wenn ich Gott immer vertrauen und ihm glauben würde, dann würde ich natürlich mit allem, was ich habe und bin, hinter ihm herlaufen und mich nie wieder umdrehen.

Er ist mein wahres inneres Zuhause.

Den ganzen Tag fordert Jesus mich immer wieder auf: *Komm zu mir.* Also komme ich und halte nichts zurück. Ich bringe ihm mein Herz, den Teil von mir, um den es ihm geht, und übergebe ihm den, und zwar immer wieder aufs Neue.

In der Küche an der Spüle.

Bei der Wäsche.

Auf dem Supermarktparkplatz.

Vor dem Computer.

Das ist für mich das Wichtigste – mein Herz immer wieder zu dem hinzubringen, der mich gemacht hat und mich liebt.

*Jesus antwortete ihm: „‚Du sollst den Herrn, deinen Gott, lieben von ganzem Herzen, mit ganzer Hingabe und mit deinem ganzen Verstand!‘ Das ist das erste und wichtigste Gebot. Ebenso wichtig ist aber das zweite: ‚Liebe deinen Mitmenschen wie dich selbst!‘ Alle anderen Gebote und alle Forderungen der Propheten sind in diesen Geboten enthalten.“*

MATTHÄUS 22,37-40

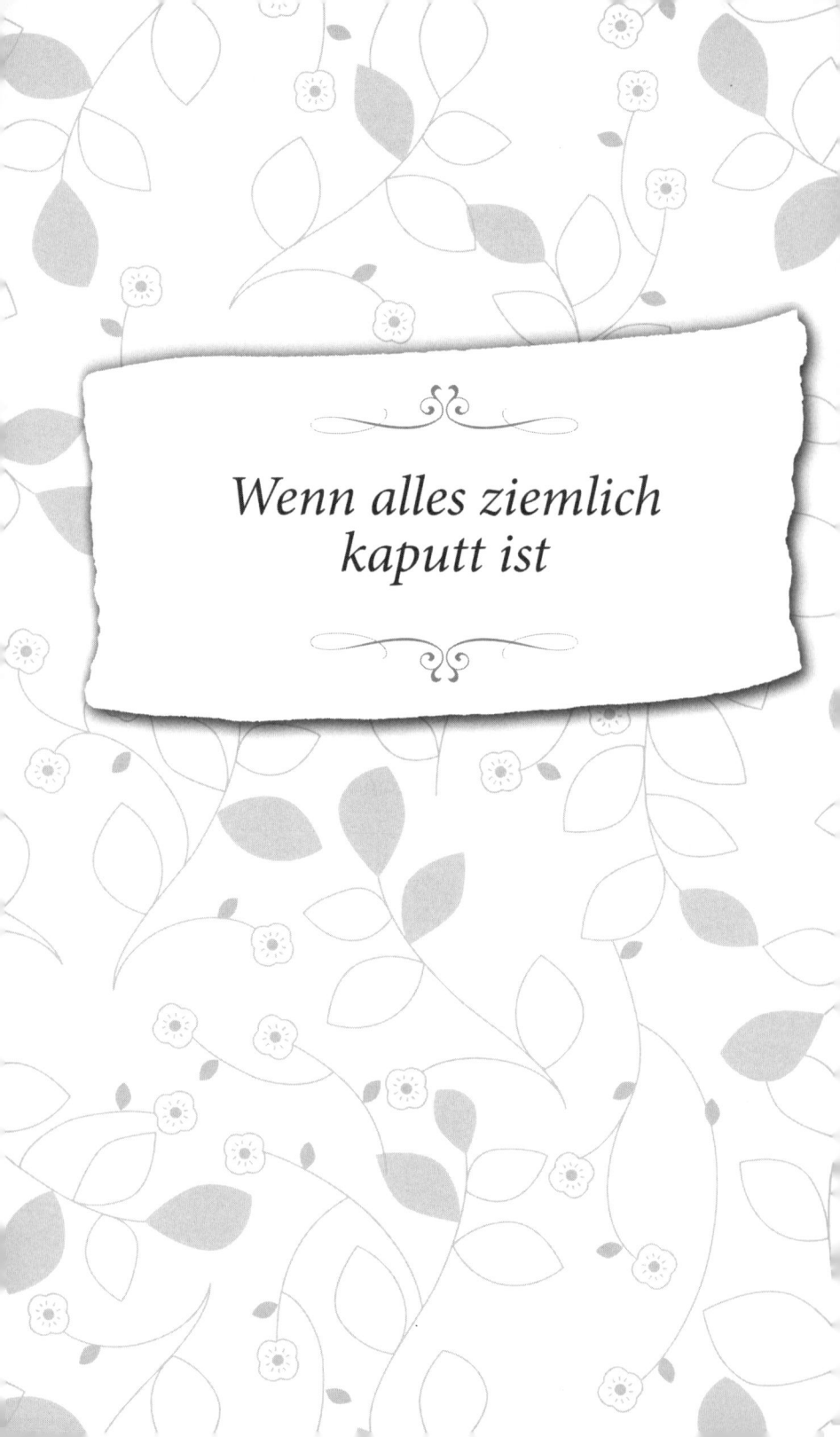

# Wenn alles ziemlich kaputt ist

*J*ch putze jeden Tag – viel. Und es ist eigentlich völlig egal, wie blitzblank am Abend noch alles war – ein neuer Tag beginnt, und es dauert nicht lange, da haben wir wieder das allerschönste Chaos. Aber so ist das nun mal im Leben. Wenn ich jetzt ein bisschen „schlaumeiern", also richtig wissenschaftlich rüberkommen wollte, dann würde ich auf das Gesetz der Entropie verweisen, den zweiten Hauptsatz der Thermodynamik, glaube ich, der besagt, dass die Dinge immer zur Unordnung streben. Immer. Und dass man immer Energie einsetzen muss, wenn man Ordnung schaffen will.

Und ehrlich gesagt bin ich das ziemlich leid. Es macht mich müde. Aber ich lerne auch etwas ziemlich Tolles dabei, nämlich, dass ich mir jedes Mal, wenn ich ein Spielzeug aufsammle oder eine Toilette putze oder Staub wische, eigentlich selbst das Evangelium predige. Ich erzähle dann eine Geschichte über etwas, das kommen wird, etwas, das noch nicht ganz da ist, aber schon begonnen hat.

Langer Rede kurzer Sinn: Diese ganze große, chaotische, kaputte Welt wird eines Tages wieder heil und in Ordnung sein. Das Reich Gottes wird kommen und alles wird gut.

Es wird eine Zeit kommen, da herrscht wieder vollkommener Friede, denn dazu ist Jesus gekommen, diesen Frieden zu bringen, und er hat versprochen, dass es am Ende der Zeit so sein wird. Das ist wirklich wunderschön und ist es wert, mir dies immer wieder selbst zu sagen, während ich Wäsche sortiere.

Wenn ich also das Spülbecken in der Küche scheuere, denke ich daran, dass *er* hier alles reinwaschen wird. Oder ich repariere ein kaputtes Spielzeug und denke daran, dass *er* alles Zerbrochene wieder heil machen wird. Ich lege zum x-ten Mal die Puzzleteile zusammen und denke dabei, dass eines Tages die Teile dieser zerbrochenen Welt *in ihm* wieder zusammengefügt werden.

Das ist Erlösung – dass Gott alles wieder heil und richtig macht – und danach sehne ich mich von ganzem Herzen. Erwartungsvoll hoffe und warte ich darauf und weiß dabei ganz sicher, dass Gott diese Welt neu erschaffen und sein Reich errichten wird. Eines Tages wird alles neu und heil sein.

Wenn ich mich mit solchen Gedanken beschäftige, wird das Putzen leichter. Und es wird sogar zu einer ganz eigenen Art von Anbetung. Ich bete darin den Gott an, der in all das Zerbrochene hereinkommt, um wieder seinen *Shalom* herzustellen, vollkommenen Frieden, absolute Fülle und Gesundheit, völlige Gelassenheit und tiefe Ruhe.

Also atme ich einmal tief durch und räume erst einmal auf. Und irgendwie lebe ich dabei die schönste Geschichte aus, die ich kenne.

*Der auf dem Thron saß, sagte: „Sieh, ich schaffe alles neu!"*
*Und mich forderte er auf: „Schreib auf, was ich dir sage, alles*
*ist zuverlässig und wahr."*

<small>OFFENBARUNG 21,5</small>

# Gedanken über das Reich Gottes

$\mathcal{M}$itten in der Nacht schreit Gideon nach mir. Der Mond scheint und die Grillen zirpen und ich eile schlaftrunken den Gang entlang zu seinem Zimmer. Denn wenn man jemanden lieb hat bis zum Mond und wieder zurück, dann ist einem der Schlaf egal, und man will nur schnell zu diesem Menschen hin und ihn beruhigen.

Gideon weint und will sich verstecken, und als ich ihn frage, warum, sagt er, er habe Angst vor den brüllenden Löwen. Vor brüllenden Löwen habe ich zwar noch nie Angst gehabt, aber dafür schon vor vielen anderen Dingen, und deshalb bringe ich ihm einen Kakao in seinem Trinkbecher, und wir kuscheln uns ganz dicht aneinander. Und dann erzähle ich ihm leise, dass er ganz schnell zu Jesus hinlaufen kann, wenn er Angst hat, weil Jesus ein guter Unterschlupf ist. Ich sage, das weiß ich deshalb, weil auch Erwachsene manchmal Angst haben vor Dingen, die tatsächlich oder auch nicht ganz so tatsächlich da sind, und deshalb brauchen wir alle eine Zuflucht und können schnell zu ihm hinlaufen.

Gideon trinkt seinen Kakao und fragt mich, ob der Himmel drinnen oder draußen sei. Ich muss lächeln, weil es so typisch ist, dass die Kinder uns daran erinnern, wie viel wir nicht wissen. Aber ich denke einen Moment nach und sage ihm, dass der Himmel innen und außen ist, weil Gott sagt, dass der Himmel ein Königreich ist – und bestehen Königreiche nicht aus Häusern und Land? Und dann erzähle ich ihm, dass Gott wie ein Löwe ist (Offenbarung 5,5), wie ein guter und starker Löwe, vor dem all die anderen bösen Löwen Angst haben. Gideon hat sich inzwischen so weit beruhigt, dass er wieder einschlafen kann und vielleicht von dem guten Löwen träumt, der all die laut brüllenden, bösen Löwen vertreibt.

Ich gehe zurück in mein eigenes Bett und denke an das Königreich.

Weil ich die Worte Jesu gelesen habe, in denen er sagt, dass sein Reich kommt und schon angebrochen ist. Aber wenn ich mich umschaue, sehe ich nur eine kaputte Welt, sehe einen Ort, der gefallen und voller Sünde ist, und wo vieles nicht so ist, wie es eigentlich sein sollte. Deshalb gibt es kleine Jungen, die nachts aufwachen und Angst vor brüllenden Löwen haben, und darum sind wir auf der Straße nicht immer sicher, und darum gibt es Menschen, die unter grauenhaften, unaussprechlichen Dingen leiden.

> *Gott ist wie ein Löwe, wie ein guter und starker Löwe.*

Aber dann gibt es auch diese Spuren von all dem, was ursprünglich einmal war, Spuren des Ortes, den Gott am Anfang geschaffen und den er als gut bezeichnet hat. Wir sehen Schönheit und erleben Liebe und stehen staunend da. Dieses Flüstern aus der Vergangenheit klingt in unseren Alltag hinein nach und erinnert uns manchmal ganz tief in unserem Inneren daran, wie es ursprünglich gewesen sein muss. Wir hoffen alle auf bessere Zeiten. Wir sehnen uns nach dem Paradies – einem Ort, wo ein erhabener, starker König mit dem Herzen eines Löwen regiert und wo Frieden herrscht. Wir möchten alle, dass das Gute siegt, und dass jemand kommt, der dafür sorgt, dass alles wieder gut wird. Wir sind alle auf der Suche nach einem Retter, der uns unsere Angst nimmt und rettet, was verloren ist, damit sich unsere Seele ungehindert und frei emporschwingen kann.

Jesus kommt in eine zerbrochene Menschheit hinein und stellt kühne Behauptungen auf. Er sagt, dass er gekommen ist, um alles neu zu machen. Ich glaube dem, der gestorben ist, um die Wunden der Welt und auch alle unsere Wunden zu heilen. Er, dessen Licht die Finsternis durchbricht und der aus dem Grab herauskommt, ist sehr lebendig und ganz nah.

Ich gestehe, dass ich nicht alles verstehe, aber im Glauben klammere ich mich an den König aller Könige und renne zu ihm hin – dem Löwen, dem Zufluchtsort.

Es gibt Dinge, die unsichtbar sind, aber dennoch real. Gott ist hier bei uns. Sein Königreich ist schon angebrochen. Daran denke ich.

*Bei dir bin ich in Sicherheit; du lässt nicht zu, dass ich vor Angst und Not umkomme. Ich singe und juble: „Du hast mich befreit!"*

PSALM 32,7

*Wir richten unseren Blick auf Gottes neue Welt, auch wenn sie noch unsichtbar ist. Denn das Sichtbare vergeht, doch das Unsichtbare bleibt ewig.*

2. KORINTHER 4,18

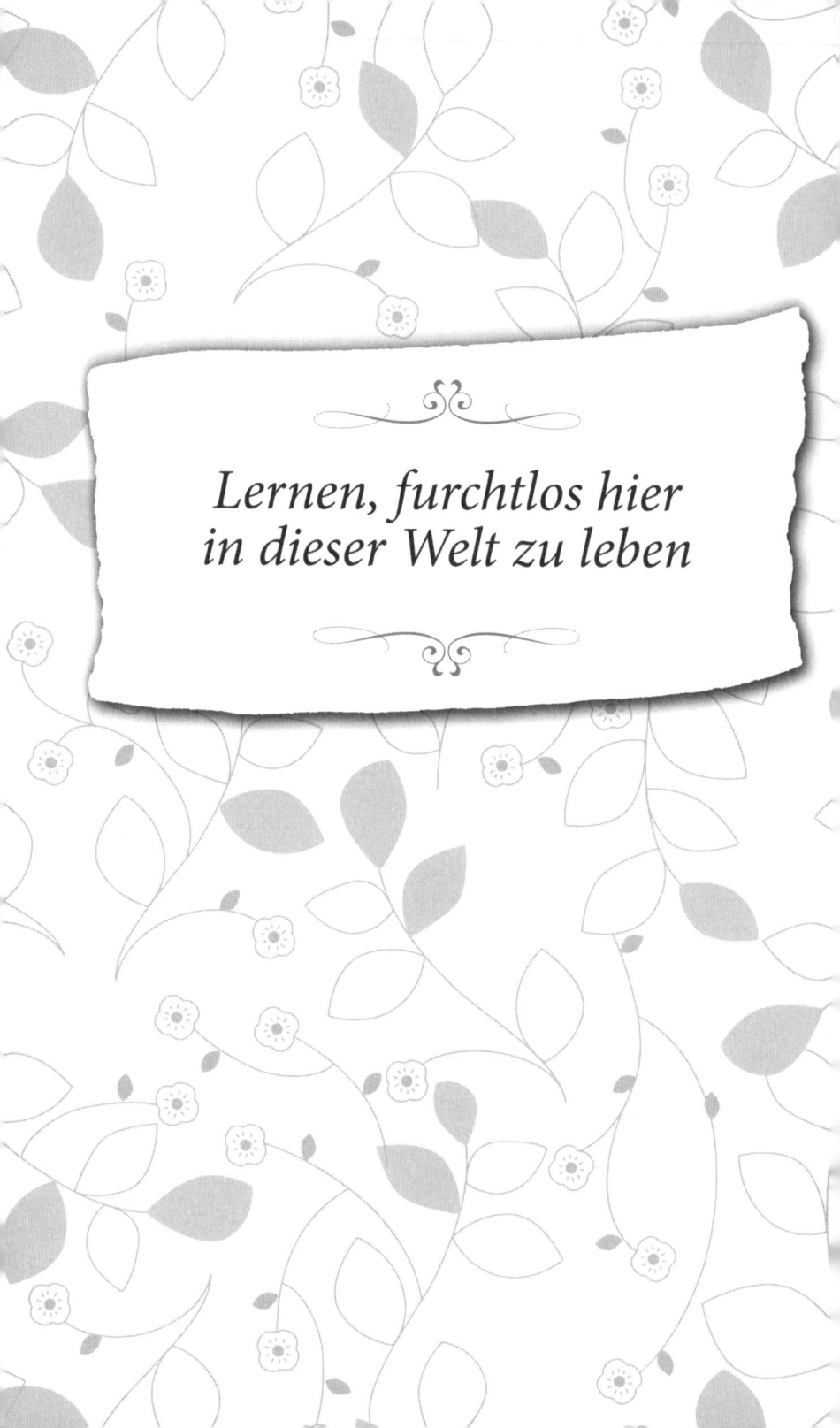

*Lernen, furchtlos hier
in dieser Welt zu leben*

$\mathcal{M}$anchmal wache ich morgens auf und bin innerlich aufgewühlt und ganz empfindlich, und ich habe das Gefühl, schon der kleinste Stupser könnte mich umhauen und zum Weinen bringen. Manchmal erhebt bei Nacht auch die Angst ihr bedrohliches Haupt, und ich lasse zu, dass sie ihr Lager bei mir aufschlägt, nur um festzustellen, dass sie – wie immer – gekommen ist, um mich zu quälen und wie ein Tyrann die Macht an sich zu reißen.

Wann werde ich endlich daran denken, dass ich nicht in die Zukunft abschweifen soll? Wenn ich anfange, mich mit all den „Was-wäre-wenn-Fragen" zu beschäftigen, dann wirft mich die Panik immer mehr aus der Bahn, und ich werde verschlungen von Unsicherheit und Verzweiflung. Anscheinend leide ich unter einer Art seelischem Gedächtnisverlust. Immer wieder vergesse ich Wahrheiten, die mich frei machen und dafür sorgen, dass ich weiterhin angstfrei atmen kann.

Also nehme ich die Bibel und lege das Wort Gottes über das Durcheinander

> *Ich lege das Wort Gottes über das Durcheinander meines Lebens. Ich suche nach der Mitte und finde dort Ihn.*

meines Lebens. Ich suche nach der Mitte und finde dort *Ihn.*
Und er gibt mir wieder Orientierung. Ich lese es ganz langsam.
Dieses Mal möchte ich es unbedingt kapieren.

*Doch jetzt, in dieser letzten Zeit, sprach Gott durch seinen*
*Sohn zu uns.* **Durch ihn schuf Gott Himmel und Erde,** *und*
*ihn hat er auch zum Erben über alles eingesetzt. In dem Sohn*
*zeigt sich die göttliche Herrlichkeit seines Vaters, denn er ist*
*ganz und gar Gottes Ebenbild.* **Sein Wort ist die Kraft, die**
**das Weltall zusammenhält.**

HEBRÄER 1,2-3

Hast du gehört, kleine Seele? Es gibt einen Schöpfer, der die
Welt zusammenhält; einen Gott, der der Anfang von allem ist.
Warum lebe ich dann so, als wäre er ein abwesender Vermie-
ter, der die Welt verlassen hat, sodass sie sich jetzt vergeblich
weiterdreht? Er hält alles durch sein Wort zusammen. Durch
sein Wort ist alles entstanden – die Sterne, Atome, Meere,
Insekten und ich. Und das Wort hält alles zusammen.

Und wer ist dieses Wort? Dort in der Bibel steht es doch:
Das Wort ist der Mensch gewordene Gott – Jesus (Johannes 1).

Meine Lunge füllt sich mit Luft. Mein Herz ist voller Dank.
Die Schatten, die da waren, werden vom Licht besiegt, und
ich sehe jetzt klarer. Da im Mittelpunkt ist ein Gott, dessen
Herz für mich ist und nicht gegen mich. Als Bestätigung dafür brauche ich nur aufs Kreuz zu schauen. Ein Gott, der alles
zusammenhält, ist ein guter Gott voller Liebe. Es geht zwar

sehr langsam, aber ich wage zu behaupten, dass ich lerne zu vertrauen. Ich lerne, wie ich hier auf dieser Welt ohne Angst leben kann.

*Der Herr ist mein Licht, er rettet mich. Vor wem sollte ich mich noch fürchten? Bei ihm bin ich geborgen wie in einer Burg. Vor wem sollte ich noch zittern und zagen?*

PSALM 27,1

# Das Geräusch unseres Atems

*I*ch kann mir nicht helfen – aber ich erinnere mich an ihn, an meinen leiblichen Vater. Als ich ihn das letzte Mal gesehen habe, war ich vielleicht vier, fünf Jahre alt. Er war zwar ein körperliches und seelisches Wrack, aber ich habe ihn als freundlich und einfühlsam in Erinnerung. Ich weiß, dass er mich und meinen kleinen Bruder lieb hatte, so gut ihm das in seinem Zustand eben möglich war.

Wenn er nüchtern und richtig bei sich war, war er zärtlich und fürsorglich. Ich erinnere mich noch, wie er einmal mit mir tanzen wollte. Er verbeugte sich, ich machte daraufhin einen Knicks, und er lachte, weil er mir das gar nicht beigebracht hatte – dass man einen Knicks macht und wie das geht. Aber irgendwie wusste das kleine Mädchen in mir es wohl einfach. Er zeigte mir auch, wie man den Plattenspieler bedient, und so saß ich oft stundenlang oben auf der Kommode und spielte Platten ab.

Aber er verschwand immer wieder, war getrieben von Dingen, die er scheinbar nicht lassen konnte. Und irgendwann war er dann endgültig weg und für mich verloren. Jahre vergingen, und irgendwann hatte ich eigene Kinder, aber ich hörte nie auf, mich zu fragen, wo er wohl sein mochte, und wie es ihm ging. Und eines Abends bekam ich dann einen Anruf von einer Halbschwester, die mir mitteilte, dass mein Vater schwer krank sei und im Sterben liege. Wenn ich noch einmal mit ihm reden wolle, dann müsse ich ihn möglichst bald anrufen.

Das wollte ich auf jeden Fall, und deshalb rief ich in dem Hospiz an, in dem er lag. Ich hatte ihn nie vergessen. Sicher, er hatte Fehler gemacht und auch wirklich dumme Dinge getan, aber ich wünschte mir, dass er in den letzten Momenten seines zerrütteten Lebens spürte, wie sehr Jesus ihn liebt und wie er ihn mit Gnade überschüttet.

> *Der eine, der mich geschaffen hat, hatte all meine Kindergebete gehört und nicht vergessen.*

Ich rief also in dem Hospiz an, aber mein Vater war schon zu schwach, um zu sprechen. Ich saß deshalb einfach nur da und hörte, wie er atmete. Er versuchte zwar röchelnd, etwas herauszubekommen, aber es kam nur so etwas wie ein Keuchen. Ich wusste jedoch auch so, was er sagen wollte. Dass er uns geliebt hatte, so gut das in seinem Zustand eben möglich war. Ich sang ihm Zeilen aus dem Lied „Amazing Grace" vor.

Ich kann mich noch genau erinnern, wie ich nachts meinen Kopf auf seine Brust legte, die sich gleichmäßig hob und senkte, und dabei irgendwann einschlief. Als ich schon längst erwachsen war, las ich irgendwann einmal, dass einer der Namen Gottes Jahwe ist. Gelehrte der hebräischen Sprache sagen, dass dieser Name das Geräusch des Atmens nachbildet, wenn man ihn ausspricht. Ich staune über den Großmut eines Gottes, der sich selbst einen Namen gibt, den wir zwangsläufig und automatisch schon in dem Moment aussprechen, wenn wir auf die Welt kommen und auch noch in unserem letzten Augenblick auf dem Sterbebett.

Ein paar Tage nach dem Anruf ist mein leiblicher Vater gestorben, aber ich weiß, dass er in Frieden gegangen ist. Und ich staune über den Gott, der mir ein solches Geschenk gemacht hat: Der eine, der mich geschaffen hat, hatte all meine Kindergebete gehört und nicht vergessen. Gott, der mit seinem Atem die Sterne geschaffen hat, der diesen Atem auch uns eingehaucht hat und uns das Leben schenkt – dieser Gott hat mich die ganze Zeit, in der meine leiblichen Eltern nur für Chaos gesorgt haben, wissen lassen, dass er rettet. Er nimmt die Zerbrochenheit und macht daraus etwas Wunderschönes.

*Der Himmel ist durch das Wort des Herrn gemacht und all sein Heer durch den Hauch seines Mundes.*
PSALM 33,6 (LÜ 84)

*Gottes Geist hat mich geschaffen, der Atem des Allmächtigen hat mir das Leben geschenkt.*
HIOB 33,4

# Wenn Väter und Söhne aneinandergeraten

*I*ch beobachtete die beiden bei ihrer Auseinandersetzung. Der Große wollte, dass der kleine Kerl gehorchte, aber der Kleine wollte etwas anderes, schrie deshalb laut und sagte zu seinem Vater, er solle bloß wieder zur Arbeit gehen – und das nicht zum ersten Mal. Den Vater verletzte das natürlich, und er saß niedergeschlagen auf dem Sofa, wogegen der Kleine es zu erklären versuchte, als er schließlich abends im Bett lag. „Manchmal werden Papas wütend auf ihre Jungs und Jungs werden wütend auf ihre Papas", sagte er.

Wahrscheinlich gibt es solche Konflikte schon seit Menschengedenken. Es gibt Zeiten, da tut es weh zu lieben, und es kommt einem leichter vor, sich einfach aus dem Weg zu gehen.

Weil wir hier auf der Erde alle ziemlich verkorkst sind, bitten wir Gott um Hilfe. Wir glauben, dass er wahrscheinlich am besten weiß, wie man mit dem Leben fertigwird, denn er hat uns ja schließlich gemacht. Und wenn wir richtig in der Patsche sitzen oder irgendwie nicht weiterwissen, dann bitten wir Gott, einzugreifen und uns zu helfen. Und manchmal sieht das dann eben auch so aus, dass wir völlig niedergeschlagen auf dem Sofa sitzen und Gott nur still innerlich anflehen, etwas zu tun. Die gute Nachricht ist, dass der Helfer immer kommt und uns den richtigen Weg zeigt.

Schon kurze Zeit später sah ich Vater und Sohn wieder zusammen, und dieses Mal saß der kleine Mann auf dem Schoß des großen. Sie redeten miteinander und gaben sich wirklich Mühe, einander zu verstehen. Um an seinen Sohn heranzukommen, schob der Vater seinen Schmerz beiseite und überwand seinen Stolz, statt den kleinen Kerl wegzuschicken.

> *Denn die Liebe vergibt und die Liebe ist nachsichtig – das ist Christus in uns.*

Und ich bekam dadurch wieder einmal einen kleinen Vorgeschmack darauf, wie Jesus ist – wie er sich zu uns herunterbeugt, ganz nah, um uns zuzuhören, und wie er all das undurchsichtige Chaos beiseiteschiebt und den Teil von uns erreicht, auf den es ankommt.

Und heute Morgen, bevor sich der Vater auf den Weg zur Arbeit machte, hörte ich dann, wie er ganz sanft zu seinem kleinen Sohn sagte: „Es ist schwer, ein Mensch zu sein, aber zusammen schaffen wir das, ja?"

Denn die Liebe vergibt und die Liebe ist nachsichtig – das ist Christus in uns. Wir rennen *zu ihm hin,* selbst wenn es einfacher scheint, ihn wegzustoßen.

Und solange wir einander haben, nehme ich an, dass wir das den Rest unseres Lebens üben werden.

*Liebe ist geduldig und freundlich. Sie ist nicht verbissen, sie prahlt nicht und schaut nicht auf andere herab. Liebe verletzt*

172

nicht den Anstand und sucht nicht den eigenen Vorteil, sie lässt sich nicht reizen und ist nicht nachtragend. Sie freut sich nicht am Unrecht, sondern freut sich, wenn die Wahrheit siegt. Liebe ist immer bereit zu verzeihen, stets vertraut sie, sie verliert nie die Hoffnung und hält durch bis zum Ende. Die Liebe wird niemals vergehen. Einmal wird es keine Prophetien mehr geben, das Reden in unbekannten Sprachen wird aufhören, und auch Erkenntnis wird nicht mehr nötig sein.

1. KORINTHER 13,4-8

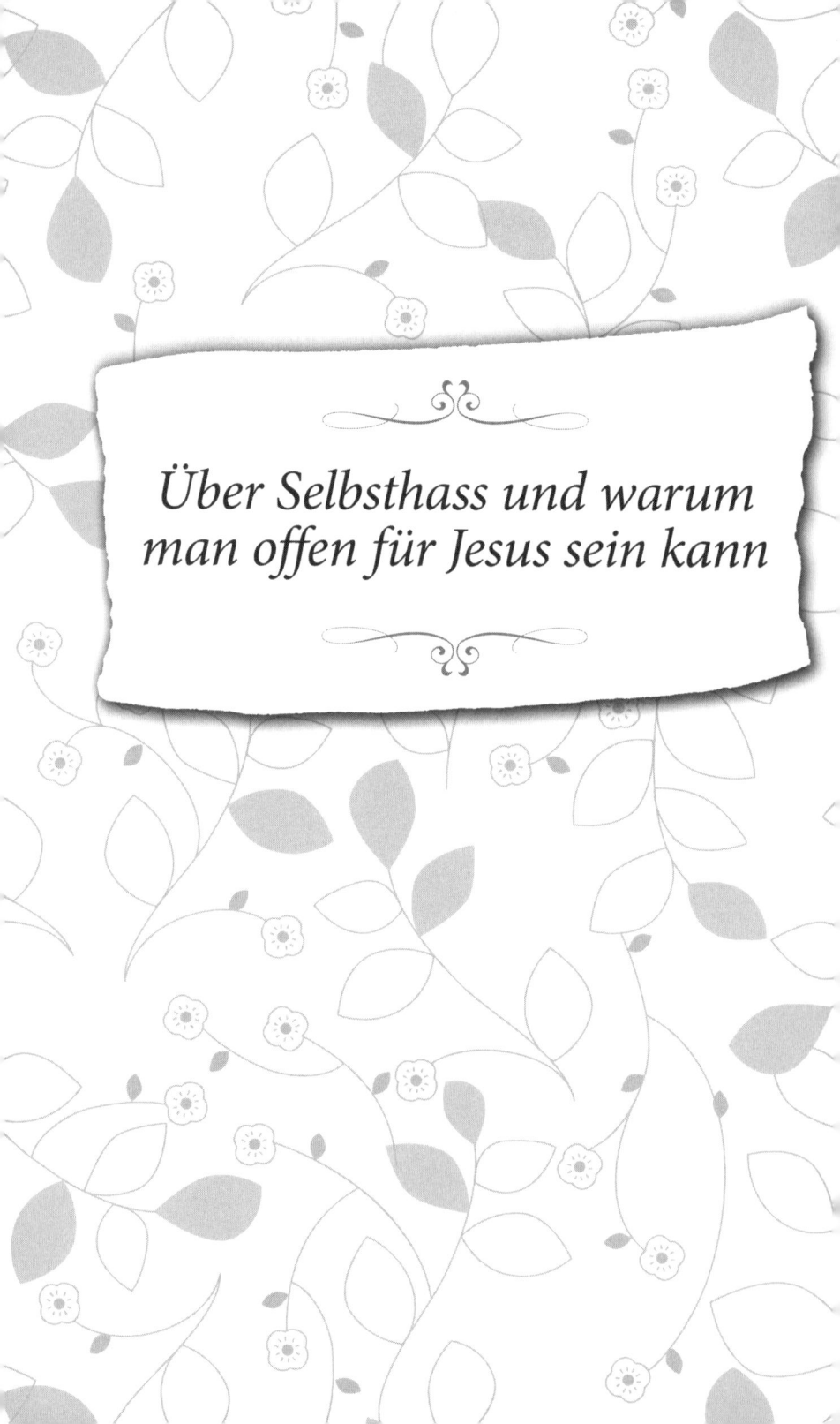

*Über Selbsthass und warum
man offen für Jesus sein kann*

$\mathscr{D}$er gestrige Abend war wirklich nicht mein bester. Im Haus herrschte furchtbares Chaos – *wieder einmal*. Es hat den Anschein, dass dort eigentlich immer extremes Chaos herrscht – wieder einmal, und ich murmelte vor mich hin, was für Chaoten wir alle sind. Im Grund war ich aber davon überzeugt, dass es in erster Linie an mir lag. Wenn ich nur strukturierter und organisierter wäre und wenn ich nicht so viel Zeit unnütz… *Wenn ich es einfach nur besser machen würde und ein besserer Mensch wäre.* Ich hatte jede Menge Begründungen auf Lager, die alle anfingen mit *wenn ich doch…* Es ist erstaunlich, wie schnell man sich selbst bis zur völligen Erschöpfung bringen kann, indem man sich auf die Bereiche konzentriert, in denen man Erwartungen nicht erfüllt und einfach nicht genügt.

Brent hatte netterweise angeboten, mir beim Putzen und Aufräumen zu helfen, aber statt auch nur einen weiteren Socken oder ein Spielzeug aufzuheben, gab ich einfach auf, machte Feierabend und ging zu Bett. Das Problem war allerdings, dass die Kinder alle noch hellwach und putzmunter waren. Also putzte Brent ihnen die Zähne und brachte sie ins Bett, und ich rief ihnen aus dem Schlafzimmer zu: „Bis morgen!", und hoffte inständig, dass mir die Welt am nächsten Morgen nicht mehr so trostlos vorkommen würde.

Und dann lag ich da und fühlte mich einfach nur elend, weil ich im Laufe des Tages ein paar Dinge getan hatte, bei denen ich mich einfach nur blöd fühlte. Also beschimpfte ich mich erst einmal ausgiebig selbst. *Du bist eine Idiotin. Was bist du bloß für eine blöde Idiotin, das weiß doch jeder. Ja, eine richtig blöde Idiotin.* Aus irgendeinem unerfindlichen Grund dachte ich, dass mir diese Selbstbeschimpfung helfen würde, denn schließlich hatte ich mich ja so gefühlt, also musste es wohl auch stimmen. Und ich würde mich nicht selbst wieder aus meinem Loch herausreden, sondern die Augen zumachen und es mit Schlaf ausblenden, in der Hoffnung, dass am nächsten Morgen alles anders wäre.

Aber dann kam Brent zu mir, legte sich neben mich, zog mich ganz sanft an sich und bat mich, doch bitte mit ihm zu reden.

Nein, das würde ich auf gar keinen Fall tun. Auf gar keinen Fall würde ich ihm sagen, was ich dachte. Aber er war so lieb und wollte es wirklich wissen, also brachte ich es langsam aber sicher heraus – die Sache mit dem Chaos im Haus und meine Selbstbeschimpfungen („Was bin ich für eine Idiotin"), und bevor ich so recht wusste, wie mir geschah, erzählte ich ihm noch mindestens zehn andere Sachen, von denen ich nicht einmal gewusst hatte, dass sie da waren – irgendwo in die hintersten Ecken meines komplizierten Inneren gestopft. Und Brent versuchte nicht, meine Probleme irgendwie zu lösen. Er stimmte mir aber auch nicht in meiner schrägen Selbsteinschätzung zu oder sah einfach über mein schlechtes Reden über mich selbst hinweg. Stattdessen hörte er einfach nur zu und sagte liebevolle Wahrheiten, wo er konnte. Doch in erster Linie nickte er nur immer wieder und sagte: „Ja, so fühle ich mich manchmal auch ... aber es ist trotzdem nicht wahr."

Danach empfand ich einen wunderbaren Frieden, weil ich mich so befreit fühlte. Ich sah Brent an und dachte, dass er Jesus dann am ähnlichsten ist, wenn er mich im Arm hält und alles an mir liebt, und zwar genauso unansehnlich und verkorkst, wie es eben ist.

Denn geht Jesus nicht genauso mit uns um? Jedenfalls *möchte* er das. Jesus liebt uns, und er möchte uns ganz nah an sich ziehen, doch dazu müssen wir uns öffnen. Wir sind wie ein kleines grünes Blatt und Jesus ist wie die Sonne.

*Wir sind wie ein kleines grünes Blatt und Jesus ist wie die Sonne.*

Er lässt die Wärme seiner Liebe auf uns scheinen, und unsere Aufgabe ist es, uns ganz und gar auf ihn auszurichten und uns für ihn zu öffnen. Wir sollen ihm so ehrlich wie nur möglich sagen, worüber wir uns Sorgen machen und was uns Angst macht. Jesus möchte uns beruhigende Wahrheiten zuflüstern, aber wie sollen wir seine Stimme hören, wenn wir nicht offen sind für ihn?

Erst wenn wir die Mauern fallen lassen und das Unschöne oder gar Hässliche im Dunkeln laut aussprechen, finden wir einen Liebenden, der das Verkorkste und Unfertige an uns nicht verabscheut, uns aber auch nicht in unserer Selbstverdammung bestätigt. Vielmehr wirbt er um uns, damit wir zu ihm kommen und ihn all unsere Versagensängste von uns abwaschen lassen.

Seine Liebe schluckt unseren Hass. Seine Gnade und Barmherzigkeit ist jeden Morgen neu.

*Die Güte des Herrn hat kein Ende, sein Erbarmen hört niemals auf, es ist jeden Morgen neu! Groß ist deine Treue, o Herr!*

Klagelieder 3,22-23

*Wer nun mit Jesus Christus verbunden ist, wird von Gott nicht mehr verurteilt.*

Römer 8,1

# In einer zerbrochenen Welt
# Gott finden

*L*iebe Kinder!

Eure Mama liegt oft nachts wach und macht sich Sorgen um diese Welt und darüber, wie ihr darin groß werden sollt.

Wenn ich die neuesten Schlagzeilen in den Nachrichten höre, möchte ich manchmal am liebsten alle Türen abschließen und das Böse aussperren, um euch vor allem Bösen und Schlimmen zu beschützen.

Ich wünschte, ihr würdet nur flammende Sonnenuntergänge und Angelteiche kennenlernen und alte Scheunen am Ende von Feldwegen und kleine Kätzchen und gute Menschen, die euch Freunde nennen, und eine Gesellschaft, in der man sicher und angstfrei leben kann.

Doch wir leben nun einmal in einer unvollkommenen, zerbrochenen Welt, und deshalb gibt es ein paar Dinge, die ich euch sagen muss, damit eure Seele bewahrt wird. Ich möchte, dass es in eurem Inneren hell bleibt, auch wenn die Welt um euch her dunkel wird.

Es gibt einen Gott, der gut ist, der euch liebt und der diese ganze Welt in der Hand hält. Es wird aber auch Tage geben, an denen ihr davon nichts merkt. Tage, an denen ihr euch umschauen und wie betäubt sein werdet von der Sinnlosigkeit all dessen, was ihr seht. Und ihr werdet nach Antworten suchen, auch wenn euch klar ist, dass eben manchmal Dinge hier auf dieser Welt passieren, die ihr nicht versteht.

Betet weiter zu dem Gott, von dem ich euch erzählt habe. Denn wenn wir beten, dann wenden wir uns an *ihn*, halten uns an *dem* fest, der wirklich da ist, wenn auch unsichtbar. Es wird qualvolle Nächte geben, in denen ihr im Dunkeln herumtastet und nach irgendeinem Anzeichen von Gnade in dieser gefallenen Welt sucht. Und jetzt hört bitte ganz genau zu: Gott ist da, genau *hier* bei uns. Und wenn ihr hinter ihm herrennt, fest entschlossen, ihn mit einem ganz kleinen bisschen Glauben zu finden, dann wird er sich zeigen.

> *Betet weiter zu Gott.*
> *Denn wenn wir beten,*
> *dann wenden wir uns*
> *an ihn, halten uns an*
> *dem fest, der wirklich*
> *da ist.*

Hin und wieder werdet ihr ihn spüren können – die Wärme seines leuchtenden Angesichts.

Ich weiß, dass ihr auch Zweifel haben werdet, meine Lieblinge. Die Stimmen um euch herum – und manchmal auch in euch – werden versuchen, Gott wegzuerklären. Wolken des Unglaubens werden das vor euch verbergen, was tatsächlich und wahr ist. Zynismus wird euch auflauern und jagen. Ihr werdet Krieg führen müssen, meine Lieben. Ihr müsst dem höhnischen Unglauben ins Gesicht sehen und ihm die Wahrheit entgegenschreien, die ihr tief in eurem Herzen verstaut habt. Ihr müsst die Zweifel in die Wüste schicken, meine Kleinen, sonst werden sie sich an euch festklammern.

Denkt daran, dass es nicht Gott ist, der diese Welt zerstört, sondern die Sünde. Die Erde seufzt. Die Sterne sind in Aufruhr und schießen übers Firmament, mühen sich ab wie eine Frau in den Wehen, die vornübergebeugt um den nächsten Atemzug ringt. Die Schöpfung taumelt wegen all dessen, was verloren ist, und wartet sehnsüchtig darauf, befreit zu werden und wieder zur Ruhe zu kommen (Römer 8,19-24). Ihr werdet euch fragen, wieso ihr hier seid. Rennt einfach hin zu eurem Schöpfer, und er wird es euch noch einmal zuflüstern, weil es nicht oft genug gesagt werden kann: Dass ihr Licht in dieser Welt seid und Botschafter seiner Liebe. Denn er hat beschlossen, der Welt durch eure Hände und Füße zu helfen. Er wird durch eure Augen leuchten und seine Freude wird auf euren Wangen und in eurem Lächeln zu erkennen sein. Ihr, die Kinder seines Königreiches, werdet der Welt eine andere Art zu leben zeigen.

Und wenn ihr Angst um euer Leben habt, dann denkt daran, dass Gott die Anzahl eurer Tage kennt (Psalm 139,16) und an jedem einzelnen dieser Tage bei euch ist. Und vergesst nicht, vergesst auf gar keinen Fall, dass es nach dem Leben hier eine Ewigkeit gibt. Eines Tages wird das Licht durch all die Risse dringen, und das Reich der Gerechtigkeit Gottes wird anbrechen und herrschen – *für immer und ewig*. Es wird keine Krankheiten mehr geben und kein Sterben, und alle Traurigkeit wird ein Ende haben. Und dann werdet ihr es hören – wie die Berge aus ewiger Freude darüber, geboren zu sein, laut rufen, die Sträucher keine Dornen mehr haben und alle Bäume auf dem Feld in die Hände klatschen (Jesaja 55,12-13).

Bis zu meinem letzten Atemzug werde ich euch an diese Dinge erinnern. Und ich werde euch helfen zu sehen, dass diese Welt gut ist, auch wenn sie zerbrochen ist. Überall um uns herum gibt es hier Schönheit und die Herrlichkeit Gottes. Ich werde euch bei der Hand nehmen und wir werden ihr gemeinsam nachjagen. Und wir werden nicht aufhören zu suchen, bis wir ihn hier finden und seine Wege gehen.

Solange ihr hier bei mir seid, werde ich nachts aufstehen und im Dunkeln zu euch tapsen, um nach euch zu sehen, während ihr fest schlaft. Und selbst wenn ihr schon erwachsen seid und gar nicht mehr hier lebt, werde ich euch in meinem Herzen bei mir tragen und euch mit meinen Gebeten verfolgen. Die Gebete eurer Mama werden euch immer begleiten, meine Lieben. Heute Abend bete ich um Frieden für euch.

*Bald ist die Nacht vorüber und der Tag bricht an.*
RÖMER 13,12

*Ihr seid das Licht, das die Welt erhellt. Eine Stadt, die hoch auf dem Berg liegt, kann nicht verborgen bleiben. Man zündet ja auch keine Öllampe an und stellt sie unter einen Eimer. Im Gegenteil: Man stellt sie so auf, dass sie allen im Haus Licht gibt. Genauso soll euer Licht vor allen Menschen leuchten. Sie werden eure guten Taten sehen und euren Vater im Himmel dafür loben.*
MATTHÄUS 5,14-16

*Wenn ihr mich sucht, werdet ihr mich finden. Ja, wenn ihr mich von ganzem Herzen sucht, will ich mich von euch finden lassen. Das verspreche ich euch.*

JEREMIA 29,13-14

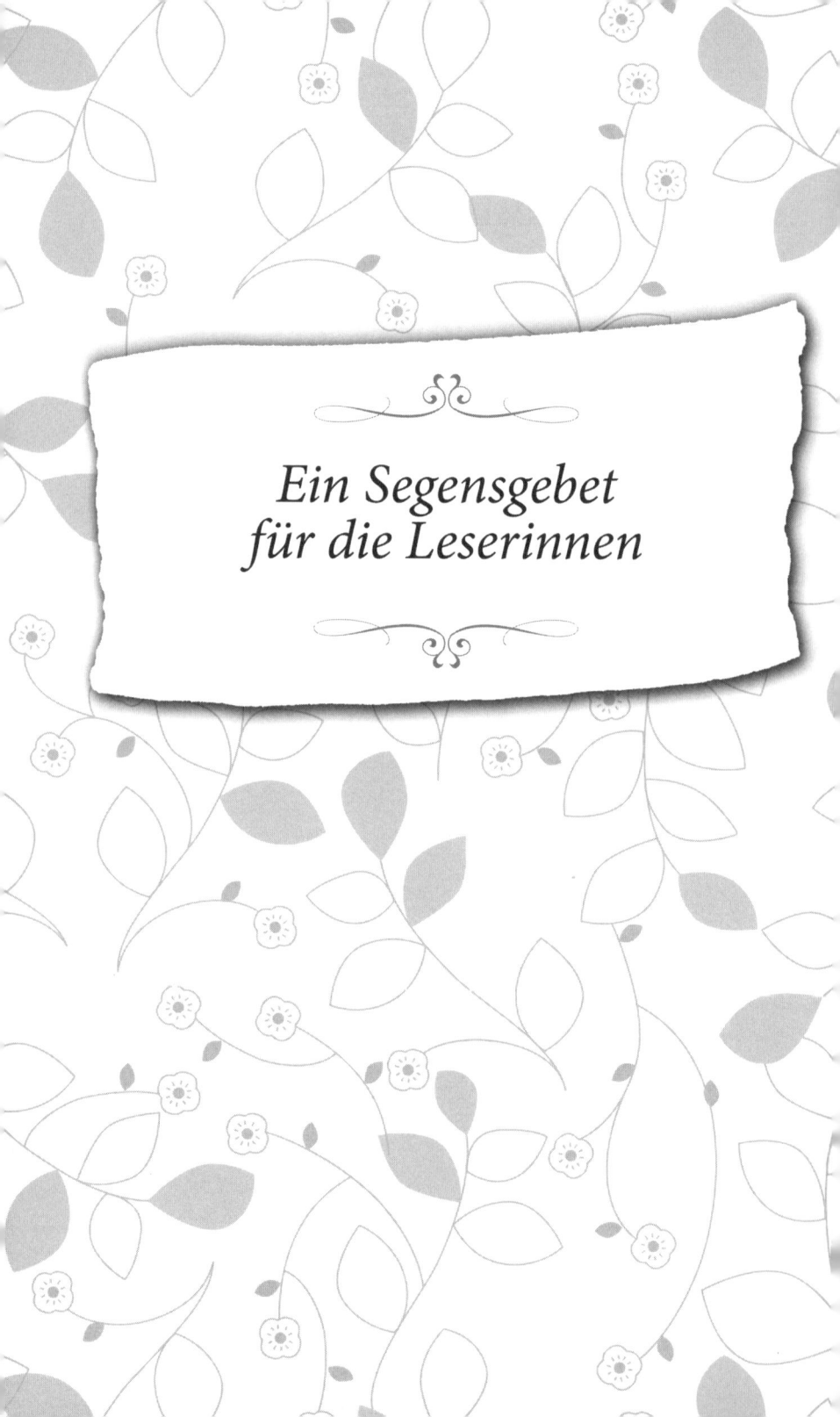

# Ein Segensgebet
# für die Leserinnen

eine Liebe,

ich hoffe, dass Sie bis hierher schon einen Eindruck bekommen haben von dem Gott der Herrlichkeit, der schon immer war, der die Sterne gemacht und den Mond an den Himmel gestellt und ihm befohlen hat zu scheinen; von dem Gott, der Sie im Leib Ihrer Mutter gebildet hat und Sie schon vor Beginn der Zeit gekannt hat.

Und ich hoffe auch, dass Sie diesen wunderbaren Gott im Laufe dieses Buches etwas besser kennengelernt haben – diesen Gott, dessen Angesicht so herrlich ist, dass es leuchtet.

Ich bete für Sie, weil ich möchte, dass Sie an ihn glauben und ihn kennenlernen. Und obwohl Sie vielleicht innerlich erschöpft sind und Ihre Ängste Sie immer wieder aus der Bahn werfen, möchte ich, dass Sie ihm vertrauen, dass Sie tief in Ihrem Inneren wissen: Dieser eine, dieser wunderbare Gott mit dem leuchtenden Angesicht, wendet sich *Ihnen* zu und will Sie segnen. Und wenn Sie ihn annehmen, dann wird er Ihr Gesicht in seine durchbohrten Hände nehmen, Ihnen tief in die Augen schauen und Ihnen zärtliche Worte der Wahrheit flüstern.

Um Folgendes bitte ich diesen Gott also für Sie:

Möge der Herr Sie segnen und erhalten und wirklich Gutes in Ihr Leben bringen. Möge er Sie bewahren. Möge das Blut Jesu Sie reinwaschen wie Schnee. Möge sein Geist Sie von allen Seiten umgeben. Möge er Ihr Schild sein. Möge der Herr Ihnen gnädig sein, möge sein Lächeln auf Ihnen ruhen und seine Liebe immer bei Ihnen sein. Und ich bete, dass Sie immer ganz sicher sind, dass er für Sie ist.

Der Herr erhebe sein Angesicht auf Sie, schaue mit seinem Leuchten genau in Ihre Richtung. Möge er die Augen Ihres Herzens öffnen, damit Sie immer und immer wieder erkennen, wie oft und auf wie unterschiedliche Weise er sich im Laufe des Tages zeigt.

Und möge er Ihnen Frieden schenken. Die Art von Frieden, die sich dem menschlichen Verstand entzieht. Möge er, der alles zum Guten zusammenfügt, Sie zur Ruhe kommen lassen und heil machen.

Und weil durch seine Gegenwart Frieden entsteht, bete ich, dass es Ihnen immer mehr zur Gewohnheit wird, an den zu denken, der Sie geschaffen hat, der Sie deshalb kennt wie kein anderer und der Sie unendlich und absolut liebt. Ich bete, dass Sie jeden Moment Ihres Lebens vor dem leben, dessen Angesicht über Ihnen leuchtet.

*Der Herr segne dich und behüte dich; der Herr lasse sein Angesicht leuchten über dir und sei dir gnädig; der Herr hebe sein Angesicht über dich und gebe dir Frieden.*
4. Mose 6,24-26 (LÜ 84)

# Danksagung

Zuallererst möchte ich mich bei René bedanken. René Hanebutt, bei uns zu Hause auch liebevoll Naner genannt.

Denn ohne sie gäbe es kein Buch. Ich erinnere mich noch an den Tag, als sie an der Treppe im Büro stand und zu mir sagte, dass sie eine Autorin aus mir machen würde. Und das hat sie dann auch wirklich getan. Es gibt nicht viele Leute, die so eine Freundin haben. Eine Freundin, die etwas in einem sieht, wovon man nicht einmal selbst etwas weiß, und die dann auch noch beschließt, dieses Etwas mit sich herumzutragen und dann alles daranzusetzen, um diesen strahlenden Traum Wirklichkeit werden zu lassen. Danke, Naner. Du bist so etwas wie die Mama dieses Buches. Und du bist eine gute Mama.

Mein Dank geht außerdem an Moody Publishers, dafür, dass sie diesem Projekt eine Chance geben. Paul Santhouse, für seine Freundlichkeit. Holly Kisley, für das erste Treffen, bei dem Sie mir Mut gemacht haben mit der Aussage, dass dieses Buch keine Kapitel zu haben braucht und dass es sogar Bilder haben könnte! Sie waren wie ein frischer Wind für eine Frau, die nicht in einer geraden Linie denkt, sondern eher in Schlangenlinien. Danke, Bailey Utrecht, für Ihre großartigen

Fähigkeiten als Lektorin und dafür, wie Sie dadurch dieses Buch verbessert haben. Und auch Pam Pugh danke ich dafür, dass Sie ganz zum Schluss, als alle schon aus dem letzten Loch pfiffen, alles zusammengefügt haben.

Außerdem möchte ich mich auch bei meinen Freundinnen Deb und Victoria bedanken. Das sind die Freundinnen, mit denen ich mich so gut wie jede Woche einmal treffe, um für uns, unsere Familien und für die Welt zu beten. Sie beten auch für das, was ich hier geschrieben habe. Danke, Mädels. Ihr habt dazu beigetragen, dass aus mir der Mensch geworden ist, der ich bin.

Und meiner Familie danke ich, Ma und Pa, Alan, Ginny und David. Danke, dass ihr eine Familie für mich seid. Danke für alle Vergebung und Nachsicht. Für alles Gebet und das Zusammenhalten, auch wenn es schwer wurde. Ich liebe euch alle von ganzem Herzen.

Und ich möchte mich auch bei meinen Schwiegereltern be-danken, die mir so geholfen haben, indem sie Zeit mit ihren Enkeln verbrachten, damit ich schreiben konnte. Besonders dir, Mary, danke ich für dein dienendes Herz.

Und ich danke dir, Brent, dafür, dass du mir dabei geholfen hast, Zeit zum Schreiben freizuschaufeln. Dafür, dass du mir hilfst, das Leben zu verarbeiten. Dafür, dass du für mich gebe-tet hast, wenn ich Angst hatte. Und dafür, dass du mich auch dann geliebt hast, wenn ich nicht besonders liebenswert war. Ich bin so froh, dass ich mein Leben mit dir teile.

Und zu guter Letzt möchte ich Gott danken, meinem Schöpfer. *Yahweh*, dem Gott, der mir jeden Atemzug schenkt.

Danke, dass du mir Worte schenkst und mir begegnest. Dafür, dass du mir deine Herrlichkeit zeigst und mein Zuhause bist. Das hier ist für dich, Jesus. Bitte nimm diese Worte, schicke sie hinaus in die Welt und setze sie ein, um zu helfen und zu heilen. Nimm diese Kleinigkeit, die ich hier habe, und rette deine Kinder. Hole sie in dein Reich, Herr. Amen.

Verlagsgruppe Random House FSC® N001967

Die Bibelzitate wurden, sofern nicht anders angegeben,
der folgenden Bibelübersetzung entnommen:
Hoffnung für alle – Die Bibel, durchgesehene Ausgabe in neuer Rechtschreibung,
© 1986, 1996, 2002 by International Bible Society, USA. Übersetzt und
herausgegeben durch: Brunnen Verlag Basel, Schweiz
Außerdem wurde vereinzelt aus der folgenden Übersetzung zitiert:
Lutherbibel, revidierter Text 1984, durchgesehene Ausgabe in
neuer Rechtschreibung,
© 1999 Deutsche Bibelgesellschaft, Stuttgart (LÜ 84)

This book was first published in the United States by Moody Publishers, 820 N.
LaSalle Blvd., Chicago, IL 60610 with the title „Finding God At The Kitchen Sink",
copyright © 2014 by Maggie Paulus. Translated by permission.
Copyright der deutschen Ausgabe © 2016 Gerth Medien GmbH,
Dillerberg 1, 35614 Asslar
in der Verlagsgruppe Random House GmbH

1. Auflage 2016
Bestell-Nr. 817146
ISBN 978-3-95734-146-4

Umschlagfotos: gettyimages, mauritius images, Shutterstock
Umschlaggestaltung: Hanni Plato
Lektorat: Sarah Kleinknecht
Satz: Uhl + Massopust, Aalen
Druck und Verarbeitung: GGP Media GmbH, Pößneck
Printed in Germany

www.gerth.de